Luca Stefano Cristini

Storia della Guerra
dei
Trent'anni

LA FASE SVEDESE (1630-1635)

Volume III

SOLDIERSHOP PUBLISHING

AUTORE

Luca Stefano Cristini, bergamasco, appassionato da sempre di storia militare. Ha diretto per diversi anni riviste nazionali specializzate di carattere storico e uniformologico. Ha al suo attivo numerose collaborazioni con i principali editori di materie storiche come Albertelli, De Agostini, Mondadori (Focus) e Isomedia per varie loro pubblicazioni. Ha pubblicato il suo primo importante lavoro, su due tomi, dedicato alla guerra dei 30 anni (1618-1648) il primo mai stampato in Italia sull'argomento. L'autore ha oggi al suo attivo molti titoli delle collane Soldiershop, Bookmoon e Museum sia in qualità di autore che di illustratore.

NOTE EDITORIALI

RINGRAZIAMENTI

L'autore desidera ringraziare in particolare Bruno Mugnai che in anni di amicizia e collaborazione mi ha instillato e rafforzato la passione per il "secolo barocco", dai parrucconi, a Henry Purcell, da Gustavo Adolfo a Wallenstein...
Ringrazio qui anche gli antichi collaboratori della prima storica edizione. Da Ugo Barlozzetti, Giuseppe Pogliani e Sergio Valzania, Peter Engerisser, il sig. Friker di Dinkelsbul, Gianpaolo Bistulfi e Olga Dugo. Dimentico certamente (e me ne scuso) molti altri che nel corso degli anni hanno dato il loro prezioso contributo a che questo lavoro vedesse finalmente la luce. La stragrande maggioranza delle immagini, in special modo quelle inedite, e la gran parte delle stampe originali del '600 appartengono all'autore. Per tutte le altre fonti si ringraziano ovviamente tutti i musei, i collezionisti privati e gli archivi fotografici dalle quali provengono e che dove possibile hanno concesso e fornito gentilmente il materiale fotografico per il volume. L'Editore rimane in ogni caso a disposizione degli eventuali aventi diritto per tutte le fonti iconografiche dubbie o non identificate.

Ad Amilcare e Giuseppina

Title: **1618 - 1648 STORIA DELLA GUERRA DEI TRENT'ANNI**
Vol. 3 La fase Svedese (1630-1635)
By Luca S.tefano Cristini. First edition by Soldiershop. September 2018

ISBN code: 978-88-93273619
Published by Luca Cristini Editore, via Orio, 35/4 - 24050 Zanica (BG) ITALY.
www.soldiershop.com - www.cristinieditore.com

Luca Stefano Cristini

1618-1648

Storia della Guerra
dei
Trent'anni

LA FASE SVEDESE (1630-1635)

Volume III

SOLDIERSHOP PUBLISHING

▲ *Assedio di una città durante la guerra dei trent'anni. Incisione di Jacques callot 1828. Riikmuseum Amsterdam*

CAPITOLO 6

LA FASE SVEDESE (1630-1635)
DESTINAZIONE BREITENFELD

IL LEONE DEL NORD

I nemici dell'imperatore avevano pochi motivi d'ottimismo alla fine degli anni 20 del '600. Dodici anni di guerre avevano portato solo sconfitte su sconfitte. Tutti i principali personaggi che nel tempo avevano preso le difese della causa protestante, ne erano usciti morti o malconci. L'ultimo tentativo fatto dal re danese Cristiano IV non aveva avuto miglior fortuna ed una generosa pace di Lubecca gli aveva preservato almeno il suo vecchio regno.

Questa "generosità" era stata imposta dal Wallenstein, il grande generale boemo, egli era infatti l'unico personaggio della fazione cattolica che mostrava di avere una chiara visione strategica della situazione. Con questa scelta diplomatica, egli intendeva garantirsi una neutralità danese, o quanto meno una non-alleanza con il vicino regno di Svezia il cui sovrano, Gustavo Adolfo era un potenziale serio pericolo per Wallenstein.

Il "reuccio" era invece motivo di scherno a Vienna, dove si ironizzava sulla prossima futura eventuale "guerricciola" provocata dallo svedese.

La Francia rimaneva sempre interessata al proseguimento della guerra e guardava verso Gustavo Adolfo come alla soluzione migliore se non l'unica, visto che i danesi erano stati sconfitti e gli olandesi già impegnati nell'interminabile guerra contro la Spagna non avevano forze da impegnare in Germania. La stessa Francia preferiva di

▲ *Lo sbarco di Gustavo Adolfo re di Svezia a Peenemunde il 6 luglio 1630. Pittura popolare coeva*

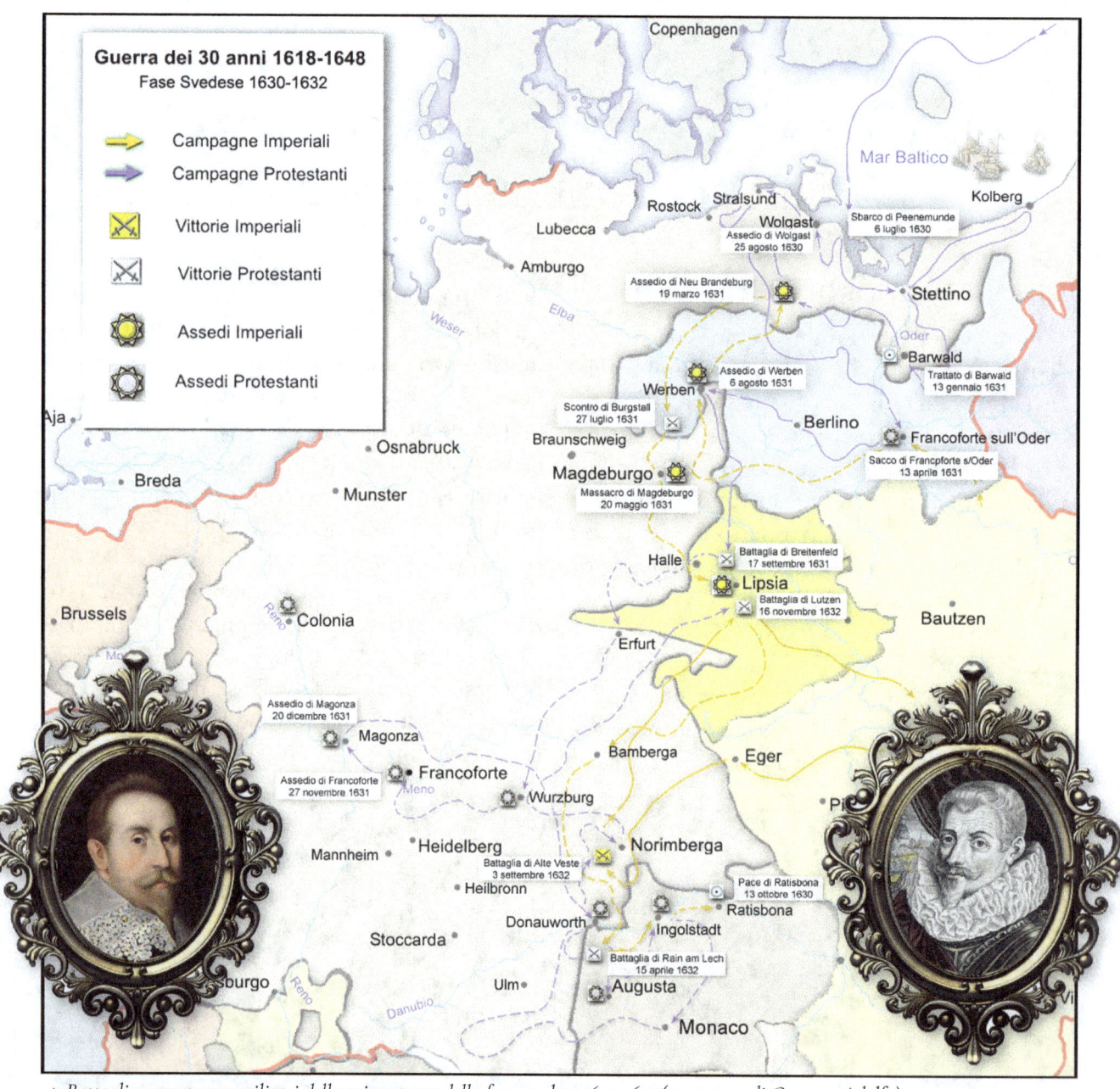

▲ *Battaglie e campagne militari della prima parte della fase svedese 1630-1632 (campagne di Gustavo Adolfo)*

gran lunga l'impegno indiretto nella guerra, visto che aveva solo da poco placato una sanguinosa rivolta interna, e la soluzione era il denaro della corona all'armata svedese. I preliminari dell'accordo furono siglati alla fine del 1629, in palese ipocrisia con quanto Richelieu fece dichiarare ai suoi delegati alla recente dieta di Ratisbona.

Da questo momento si mise in moto la macchi-na da guerra svedese. Gustavo Adolfo promosse e spiegò al parlamento le ragioni di questa guer-ra, sostanzialmente basati sulla difesa della fede protestante e molto anche per la sopravvivenza del suo stesso regno, messa in allarme con l'arrivo sul Baltico dell'*ammiraglio* Wallenstein.

Ottenuto il consenso unanime, il re svedese im-piegò alcune settimane a preparare la spedizione delle vettovaglie, degli armamenti, di artiglierie e navi necessarie. L'undici maggio 1630, i diplomatici svedesi presentarono un ultimatum all'imperatore. Il 13 di giugno salutato da tutto il popolo e dai dignitari del suo regno, Gustavo Adolfo caricava il suo esercito su sessanta navi e 200 imbarcazioni minori, e mise la prua verso la Pomerania, dove gli svedesi avevano già degli avamposti: l'isola di Rugen, e Stralsund.

Giunse a Rugen il 24 giugno e da qui un ultimo balzo lo condusse sulla terra tedesca.

Il 6 luglio ebbe luogo lo storico sbarco di Peenemunde, piccola capitale dell'isola di Usedon posta di fronte alla foce dell'Oder.

Lo sbarco non venne ostacolato in quanto gli imperiali giudicavano indifendibile la zona e ripiegarono su Wolgast. Negli stessi giorni Ferdinando II commetteva il grave errore di licenziare il Wallenstein, forse l'unico uomo in grado di arginare il condottiero scandinavo.

Gustavo aveva preparato un'armata di quasi 50.000 uomini, ma parteciparono allo sbarco solo 14.000 soldati, a fronte di questi, una delle ultime manovre del Wallenstein, fu costituita dal rinforzare le guarnigioni di Pomerania e del Meclemburgo con 30.000 uomini.

Sfortunatamente per gli imperiali queste truppe non erano ben dispiegate sul vasto territorio che dovevano difendere. In un territorio povero, incapace di sostenere il peso di cosi tanti armati.

Gli svedesi invece, grazie al continuo collegamento navale, ricevevano regolarmente i sostenta-

▲ *La Pomerania nella prima metà del XVII secolo. Riikmuseum Amsterdam*

+VIRVMQVE EQVVMQVE AD PRAELIVM EXORNES LICET VNVM TAMEN PENES DEVM VICTORIA EST ✳ *Prover. 21*

▲ *Ritratto equestre del re di Svezia Gustavo Adolfo. Riikmuseum Amsterdam*

menti necessari. Nel primo mese dopo lo sbarco gli svedesi occupavano stabilmente Rugen, Usedon e Wollin e sul continente la zona di Kammin. Accompagnato da un esercito solido e motivato, pieno d'entusiasmo, il grande re svedese andava tuttavia incontro ad un pericoloso azzardo. Sarebbe bastata una mossa falsa, uno sbaglio e l'impresa si sarebbe trasformata immediatamente in tragedia per le sorti della monarchia scandinava. Circondato da nemici infidi: ad est la Polonia con la quale era stato a lungo impegnato in una sanguinosa ed onerosa guerra. Ad occidente il suo nemico nordico di sempre, re Cristiano IV di Danimarca e davanti a sé gli eserciti imperiali di Austria e Spagna: una prospettiva assai disarmante per qualsiasi persona saggia.

Anche la sfortunata Pomerania, teatro suo malgrado di questo epico scontro, tentò attraverso la mediazione del suo duca Bogislao XV, di dissuadere Gustavo Adolfo dall'impresa, ma venne da questi completamente ignorato.

Il re di Svezia il 20 di luglio 1630 si presenta quindi di fronte alla capitale Stettino, e ne ottiene la resa senza sparare un colpo. Con questo atto forzò anche il cauto Duca Bogislao all'alleanza politica e militare con lui, oltre che a costringerlo ad un forte impegno economico.

Da questo momento e fino alla fine della guerra la città di Stettino insieme al vicino distretto di Damm divenne la prima base operativa per ogni operazione militare svedese.

Questo fatto provocò un primo incidente diplomatico con l'elettore del Brandeburgo che da tempo aspirava alla successione al duca di Pomerania. La testa di ponte si andava potenziando, il piccolo, ma ben addestrato esercito svedese aveva intanto iniziato a reclutare personale in loco. La cavalleria, e soprattutto l'artiglieria (arma quest'ultima assai moderna e avanzata) erano composte quasi esclusivamente da svedesi: alti e biondi contadini dei fiordi, piccoli ma resistenti lapponi o magri e chiarissimi finnici, erano tutti

▲ *Il generale svedese Gustavo Horn 1592-1657*

fedelissimi sudditi di un re che veneravano.

Solo la fanteria era multirazziale: un forte nucleo svedese e scozzese, per il resto tutte le razze europee vi erano rappresentate. Disciplinato ed obbediente, questo esercito raramente otteneva il permesso di mettere a sacco una città od un campo nemico. Insieme con la forzata alleanza del duca di Pomerania, Gustavo Adolfo portava in rendita anche quella più sentita e sincera dei deposti duchi di Meclemburgo, che ovviamente facevano molto affidamento in questa spedizione, per tentare di rioccupare i loro ducati strappati dal Wallenstein. Molto importante era anche l'amicizia con il deposto amministratore luterano Cristiano Guglielmo di Magdeburgo.

La città sull'Elba era una delle più ricche di tutta la Germania. Base strategica ottimale per la sua felice posizione geografica, Gustavo aspirava ad

▲ 1. *Sergente di fanteria, armata imperiale.* 2. *Ufficiale portastendardo di fanteria svedese, la bandiera porta i classici colori del regno di Svezia, giallo e azzurro con le corone reali.* 3. *Stendardo del reggimento (verde) di fanteria svedese Schlammersdorf. La scritta Ich, Waggs, Got, Vermag, Ales posta di traverso significava: Io oso (wagst), Dio può tutto ! 4. Stendardo del reggimento di fanteria svedese Old Blue. Tavola dell'autore*

esservi acclamato come il campione degli interessi protestanti. Cristiano Guglielmo si impegnò quindi a farne un baluardo anti-imperiale. Rientrato in agosto nella sua città, accompagnato da contingenti svedesi, dava il via con questo atto a quella lunga sequela di circostanze sfavorevoli che finiranno col provocare la distruzione della perla dell'Elba.

LA CAMPAGNA DI POMERANIA

Dopo la presa di Stettino, Gustavo Adolfo procedette alla messa in sicurezza di tutto il territorio occupato ed a consolidarlo con nuove conquiste. Si doveva togliere di mezzo la testa di ponte di Wolgast, posta davanti a Stralsund.

Allo scopo fu inviato il veterano Dodo Von Innhausen und zu Kniphausen, con circa 5.000 uomini ed un adeguato supporto d'artiglieria che il 25 d'agosto riuscì ad avere la meglio dopo un assedio durato tre settimane. Lo stesso generale fu poi inviato ad assediare la città di Kolberg sulla costa. Tuttavia questa città insieme alla fortezza di Greifswald resistette, ed alla fine del 1630 esse erano ancora saldamente in mano imperiale.

Dall'epoca dello sbarco, Gustavo Adolfo faceva molto affidamento sull'entusiasmo dei protestanti tedeschi, ma a parte i duchi di Meclemburgo nessun altro manifestò grande entusiasmo per la sua impresa. La Sassonia, il Brandeburgo e i ducati moderati erano francamente infastiditi.

Da settembre però qualcosa cominciò a cambiare, e qualche vecchio partigiano protestante cominciò a mettersi sotto le sue bandiere, come Franz Karl Landgravio dell'Assia Kassel e i fratelli Sassonia Weimar. Per contro l'armata cattolica all'inizio dell'anno poteva contare su 100.000 uomini. Per motivi logistici, ma soprattutto politici, questa grande forza diminuì costantemente fino a 60.000 soldati: 40.000 imperiali e 20.000 della lega con Tilly che aveva ora il comando generale dopo l'allontanamento del Wallenstein.

Sfortunatamente per loro a reggere la responsa-

▲ Il langravio Guglielmo V d'Assia-Kassel,(1602-1637) uno dei principali e fedeli alleati tedeschi di Gustavo Adolfo

bilità militare nella zona era un incapace generale italiano, tale Torquato Conti, la cui incompetenza e fiacca iniziativa aiuto molto i progetti del re svedese Gustavo Adolfo.

L'assenza di Wallenstein era palpabile ed evidente, in tutta la sua vecchia armata regnava confusione; aumentata dalla partenza di Conti in dicembre. Da questo momento ogni comandante di guarnigione comandava il suo presidio e nulla più. Ci vollero mesi prima che Tilly potesse procedere ad una degna riorganizzazione.

Nel frattempo vistosi potenziata e sicura nelle proprie basi l'armata svedese pensava al prossimo obiettivo: il Meclemburgo.

Partendo dalla loro base di Stralsund con 12.000 uomini, verso fine settembre, gli svedesi invadevano il ducato di Wallenstein. Contemporaneamente però, anche due diverse armate imperiali

11

▲ *Esercito svedese: Picchieri del reggimento Livgarden 1635 circa., Ufficiale di fanteria ferito a terra. Cornetta dei dragoni 1640 circa Tavola di Bruno Mugnai e Luca Cristini*

▲ *Scontro di fanterie. Quadro di Sebastian Vranckx (Anversa 1573-1647)*

si avvicinavano. Ciononostante Gustavo Adolfo, le cui truppe si erano nel frattempo ridotte a poco più di 6.000 unità, continuava nella sua marcia, conquistando alcune piazzeforti minori e puntando infine sull'importante porto di Rostock. Il suo alleato, il langravio dell'Assia ebbe però la sfortuna di doversi misurare con il generale Pappenheim sopraggiunto in zona dal basso Elba. Nel corso dello scontro del 23 ottobre i protestanti ebbero la peggio e persero un migliaio di uomini. Nello stesso tempo il generale imperiale Savelli concorreva alla difesa di Rostock con un numero di soldati superiore a quelli degli attaccanti svedesi, cosa che garantiva la tenuta.

Se fosse riuscito il congiungimento con le forze di Pappenheim, per gli svedesi sarebbe stata una catastrofe. Quindi prudentemente Gustavo Adolfo abbandonò l'assedio di Rostock e tornò sui suoi passi a metà ottobre.

Con questa spedizione il re di Svezia rinunciò al passaggio sull'Elba che avrebbe preferito, dirottando invece le sue attenzioni al corso dell'Oder più ad est. Occupò i restanti mesi dell'anno per potenziare ancora di più la sua macchina bellica che poté alla fine contare su 100.000 uomini, comprendendo anche le guarnigioni.

Divise la sua armata in più corpi: l'armata reale di 30.000 uomini direttamente ai suoi ordini, una forza di 15.000 uomini al comando del generale Gustavo Horn, suo braccio destro il quale doveva avanzare lungo il corso dell'Oder.

Più tardi Horn fu rinforzato da 11.000 uomini guidati dal maggiore generale Teuffel che rinunciava all'assedio di Kolberg.

Un'armata di 11.000 svedesi agli ordini del generale Dietrich Falkenberg vigilava su Magdeburgo. Infine una spedizione inglese di 15.000 uomini al comando del generale Hamilton era sbarcato alla foce del Wesel e si accingeva a raggiungere le truppe reali. In mano imperiale tuttavia erano ancora le piazzeforti di Gartz e di Greifenhagen che incuneate nello schieramento protestante costituivano un pericolo costante: per la loro vicinanza con Stettino, per le comunicazioni fra la Pomerania e Magdeburgo e per il controllo dell'Oder. Gustavo Adolfo decise quindi la cattura di Gartz; la sua controparte, il generale Conti rinforzò la città con quanti più uomini gli riuscì di mettere insieme. A metà novembre, il generale imperiale reputava di aver fatto abbastanza e si sentiva sicuro, volle quindi tentare di sbloccare l'assedio di Kolberg e decise di muovere un piccolo esercito di 5.000 uomini al comando di Rodolfo Colloredo. Questi fu intercettato da Horn e costretto al combattimento, nel corso del quale gli svedesi lamentarono più perdite, ma ottennero che il generale imperiale ripiegasse su Gartz. Gli imperiali si contarono: a difendere la posizione che stava per essere investita da Gustavo Adolfo, vi erano 7.000 fanti, 5.000 cavalieri e una trentina di cannoni. Questo esiguo numero fu a sua volta suddiviso in tre schieramenti a coprire un fronte di circa 30 chilometri.

Il giorno di Natale, gli svedesi scatenarono il loro attacco a sorpresa, dato che oramai tutti davano per scontato di trovarsi nella tradizionale tregua invernale. Dopo aver distrutto la posizione di Greifenhagen, gli svedesi iniziarono un sistematico e preciso bombardamento su Gartz, che costrinse la sua guarnigione alla ritirata.

Queste truppe al comando del Colonnello Annibale Von Schauenberg riuscirono ad evitare la distruzione totale rifugiandosi nel Brandeburgo ancora neutrale. Gli imperiali perdettero 500 uomini nell'intera operazione, ma furono completamente sloggiati da tutta la Pomerania.

Per contro Tilly si stava avvicinando a tappe forzate e raggiunse Francoforte sull'Oder con le sue avanguardie a metà gennaio. Aveva percorso più di 300 chilometri in 10 giorni nel pieno e gelido

▲ *I primi scontri nelle vaste pianure del nord. Quadro di Sebastian Vranckx*

inverno. Ora Gustavo Adolfo si trovava a dovere fronteggiare un rivale alla sua altezza.

Dopo aver sloggiato gli imperiali dalla Pomerania, Gustavo Adolfo si diresse lungo il corso del basso Oder ed entra nella città di Barwalde il 13 gennaio del 1631. Qui incontra i delegati francesi con i quali sottoscrive il trattato d'alleanza già pianificato da tempo e che dalla città prenderà il nome. In sostanza il trattato oltre a rimarcare le libertà commerciali e diplomatiche prevedeva l'impegno militare degli svedesi e quello economico dei francesi: 40.000 uomini di cui un quarto di cavalleria, era l'entità minima dell'esercito richiesto a Gustavo Adolfo.

Mentre l'onere di Richelieu doveva essere di 400.000 talleri l'anno suddivisi in due versamenti da effettuarsi a maggio e a novembre.

La Francia chiedeva altresì che la libertà religiosa fosse garantita, e nello specifico che i cattolici tedeschi non avessero a subire alcuna restrizione, vessazione ed ingiustizia. In un capitolo a parte il cardinale Richelieu chiedeva espressamente che la Baviera, amica ed alleata della Francia, non dovesse in alcun modo venire offesa od invasa da parte svedese. E qui l'astuto re svedese introdusse la clausola che impediva ogni offensiva nei confronti dell'esercito della Lega finché la stessa rimaneva a sua volta neutrale.

Si trattava ovviamente di una sottile ipocrisia dato che la stessa armata stava avvicinandosi per collegarsi con quella imperiale.

Il trattato aveva una durata prevista di cinque anni dalla sua firma, e doveva, per diretta richiesta svedese, essere reso pubblico e poteva essere esteso a tutti coloro disposti a sottoscriverlo; e qui il pensiero andava diritto ai due elettori protestanti, la cui indecisa e tentennante condotta, cominciava ad innervosire sempre più il sovrano svedese. La Baviera mantenne comunque un cauto atteggiamento nel confronto delle assicurazioni relative al potenziale conflitto con gli svedesi. Del resto, come già detto, il "suo" generale Tilly

▲ *Immagine ippica del generale svedese Gustavo Horn*

era già operativo contro l'invasore nordico.

Massimiliano di Baviera chiese e quindi ottenne un secondo trattato che venne discusso e stilato a Fontainbleu il 30 maggio 1631. Si trattava di un accordo segreto che impegnava le due nazioni ad una reciproca alleanza difensiva. La Francia s'impegnava a riconoscere i diritti del duca di Baviera sul Palatinato, per contro, Massimiliano negoziò la possibilità di staccarsi dall'imperatore, rendersi neutrale dallo stesso ed eventualmente avversario. Il 19 marzo intanto, Tilly lasciò il presidio di Francoforte nelle esperte mani del generale Schauenberg e si diresse verso il confine con il Meclemburgo, dove Gustavo Adolfo stava iniziando la sua seconda invasione del ducato.

Il generale cattolico assediò, prese d'assalto e mise a sacco la ribelle città di Neu Brandeburg. Per contro Gustavo Adolfo conquistò sulla riva opposta del fiume Ribnitz le città di Frisbee e di Demmin e si sottrasse per ben due volte allo scontro diretto con il rivale.

15

LE FASI DELLA GUERRA DEI 30 ANNI − CRONOLOGIA

Cronologia Fase Svedese fino alla battaglia di Lutzen (1630-1632)

Episodi, battaglie e diete, oltre che principali fatti artistici, scientifici o letterari riportate in ordine cronologico. Con asterisco sono indicate le vittorie protestanti.

1629 26 Settembre viene firmata la pace di Altmark fra Svezia e Polonia.

1629 Novembre muore Bethlen Gabor gli succede sul trono ungherese G.Rakoczi.

1630 Aprile Monteverdi termina e musica a Venezia la *Prosperina rapita*.

1630 Johann H. Alsted completa l'*Encyclopaedia*.

1630 11 Maggio Ultimatum svedese all'imperatore

1630 13 Giugno la flotta svedese con a bordo l'armata salpa verso la Germania.

1630 17 Giugno alleanza tra Francia e Olanda.

1630 6 Luglio sbarco di Peenemunde.

1630 18 luglio gli imperiali conquistano Mantova

1630 20 Luglio occupazione di Stettino *

1630 26 luglio muore Carlo Emanuele di Savoia.

1630 13 Agosto la dieta imperiale licenzia il generalissimo Wallenstein.

1630 25 Agosto assedio svedese di Wolgast *.

1630 17 Settembre viene fondata Boston nelle colonie inglesi in nordamerica.

1630 Settembre conferenza di Zabeltitz fra Sassonia e Brandeburgo.

1630 Settembre muore durante l'assedio di Casale Ambrogio Spinola.

1630 Ottobre prima invasione del Meclemburgo.

1630 29 Ottobre Gustavo Adolfo rinforza la città di Magdeburgo.

1630 15 Novembre vine siglata la pace di Madrid fra Spagna e Inghilterra.

1630 15 Novembre muore Giovanni Keplero

1630 25 Dicembre battaglia di Greifenhagen *.

1631 viene fondato l'orto botanico di Jena.

1631 Il grande architetto Longhena progetta la chiesa della salute a Venezia.

1631 13 gennaio viene trattato di Barwalde fra Svezia e Francia.

1631 19 Marzo Tilly espugna Neu Brandeburg.

1631 12 Aprile si conclude l'assemblea di Lipsia.

1631 Spee Von Lagenfeld pubblica *Cautio Criminalis seus* un trattato contro i processi alle streghe.

1631 13 Aprile presa di Francoforte sull'Oder *.

1631 20 Maggio sacco di Magdeburgo.

1631 30 Maggio viene siglato il trattato di Fontainbleu fra Francia e Baviera.

1631 19 Giugno trattato di Cherasco che pone fine alla guerra di Mantova.

1631 22 Giugno alleanza fra Svezia e Brandeburgo

1631 27 Luglio scontro di Burgstall *.

1631 6 Agosto tentato assedio del Tilly a Werben.

1631 a Roma si apre il primo teatro italiano : il Barberini con 3000 posti.

1631 Renaudot pubblica in francia *"La Gazette de France"* il primo quotidiano europeo.

1631 Settembre alleanza fra Svezia e Sassonia.

1631 17 Settembre battaglia di Breitenfeld *

1631 18 Ottobre gli svedesi assediano e conquistano la città di Wurzburg *.

1631 15 Novembre I sassoni conquistano Praga.

1631 27 Novembre gli svedesi conquistano Francoforte sull'Oder*.

1631 20 Dicembre gli svedesi assediano e conquistano Magonza * che diverrà la loro sede.

1631 Dicembre Wallenstein è richiamato in servizio.

1632 nasce l'osservatorio astronomico di Leida.

1632 21 Febbraio Galilei pubblica il *Dialogo sopra i due massimi sistemi del mondo*.

1632 Aprile muore il re di Polonia Sigismondo III.

1632 Rembrandt dipinge *"La lezione di anatomia"*.

1632 esce il dramma in versi *la peste del 1630* di Benedetto Cinquanta.

1632 13 Aprile Wallenstein di nuovo comandante in capo imperiale.

1632 15 Aprile battaglia sul Lech fra svedesi e imperiali. Il Tilly viene mortalmente ferito *.

1632 24 Aprile Gustavo Adolfo conquista Augusta*.

1632 16 maggio Gustavo Adolfo entra in Monaco *.

1632 25 Maggio Wallenstein riconquista Praga.

1632 Giugno gli olandesi prendono le città di Venloo e Roermond *.

1632 1-4 Settembre battaglia dell'Alte Veste.

1632 23 Agosto gli olandesi prendono Maastricht *.

1632 1 Ottobre Galileo Galilei convocato a Roma dal Sant'uffizio.

1632 nascono i pittori Luca Giordano e J.Vermeer.

1632 8 Novembre Ladislao IV Vasa cugino del re di Svezia diventa re di Polonia.

1632 17 Novembre battaglia di Lutzen e morte del re svedese Gustavo Adolfo.

1632 29 Novembre muore a Magonza il re di Boemia Federico V Palatino.

1632 Cartesio scrive il mondo o trattato della luce

▲ *Mappa della Scandinavia nel 1626. Stampa coeva*

GUSTAVO ADOLFO II VASA RE DI SVEZIA 1594-1632

Gustavo II Adolfo Vasa fu certamente uno dei più grandi uomini della sua epoca, e certamente uomo chiave della guerra dei 30 anni, a dispetto della sua pur breve avventura nel conflitto: morì infatti poco meno di due anni dopo il suo diretto intervento nella guerra.

Universalmente considerato un genio militare, in realtà non fu un vero e proprio innovatore, adottando come già molti altri prima, la tattica olandese che lo stesso aveva appreso da precettori militari germanici e olandesi.

Tattica che gli permise di sterminare le truppe del Tilly a Breitenfeld, la sua più limpida ed importante vittoria. Tuttavia la stessa tattica non gli era servita qualche anno prima a Honigfelde dove polacchi e tedeschi gli procurarono una disfatta catastrofica. Lo stesso Napoleone che lo citava spesso come un grande di lui ebbe a dire.

In diciotto mesi vinse una battaglia, ne perse una seconda e morì nella terza, guadagnandosi eterna fama a basso prezzo!".

Nato a Stoccolma il 9 dicembre 1594. Figlio di Carlo IX e della principessa tedesca Cristina di Holstein-Gottorp divenne re di Svezia alla morte del padre a 17 anni nel 1611.

Immediatamente si dovette occupare delle continue guerre in corso con la Danimarca, la Russia e la Polonia. Ottenuta nel 1613 una prima pace con la Danimarca che poneva fine alla disastrosa guerra di Kalmar durata due anni, la Svezia poté riscattare le province meridionali occupate dai danesi solo dietro il pagamento di un pesante indennizzo. Sul fronte russo, invece, Gustavo lanciò una nuova campagna militare (1613-1617) che si concluse con la vittoria svedese e la conquista di alcuni territori che privavano i russi dell'accesso al Baltico. Nel 1620 effettua un viaggio in Germania e nell'occasione prende in moglie Maria Eleonora del Brandeburgo sorella dell'elettore Giorgio Guglielmo.

Dal 1621 al 1629 Gustavo combatté contro il cugino Sigismondo III, re di Polonia, che rivendicava il trono svedese: la Polonia fu costretta a cedere la Livonia con capitale Riga, nel 1626 la Prussia orientale oltre a terre e città lungo le coste meridionali e orientali del mar Baltico oltre a rinunciare per sempre a qualsiasi pretesa sul trono svedese. Nel 1629 a settembre stipula con la Polonia il trattato di pace di Altmark incoraggiato dalla diplomazia francese che "necessita" dell'intervento svedese in Germania.

L'interesse per la causa protestante, e la convinzione che la caduta della Germania settentrionale nelle mani del Sacro romano impero sarebbe stata militarmente ed economicamente pericolosa per la Svezia, ed infine le ricche sovvenzioni francesi spinsero Gustavo ad entrare nel grande conflitto che da 13 anni dilaniava l'Europa.

Dopo adeguata preparazione in cui eccellevano le sue doti di valido organizzatore, alla pari in questo del Wallenstein, Gustavo Adolfo sbarcò con il suo esercito sulle coste sabbiose della Pomerania e riuscì a respingere le locali e mal organizzate forze imperiali.

La sua decisiva vittoria nella battaglia di Breitenfeld nel 1631 rafforzò i protestanti, che riuscirono a conquistare la Baviera e la Boemia e buona parte della Germania.

Nel 1632 Gustavo Adolfo dopo aver occupato Magonza, Augusta, Monaco ed altre importanti città tedesche si diresse nuovamente verso nord con il suo esercito: subì un primo smacco nel suo primo scontro con il Wallenstein ad Alte Feste.

Si rifece poi nella battaglia di Lützen combattuta il 16 novembre del 1632, in Sassonia, dove sconfisse le forze imperiali, ma nella quale trovò la morte durante i combattimenti a causa di un'avventata ed imprudente carica di cavalleria alla quale volle prendere parte.

Morì quindi a 37 anni in età relativamente giovanile a dispetto delle immagini che ci rimandano i ritratti ufficiali in cui, anche a causa della pinguedine procurata dalla dieta tedesca, dall'aspetto severo e dai capelli e dalla carnagione chiara ci appare un uomo sensibilmente più anziano.

Gustavo II Adolfo non fu solo un grande generale, ma fu anche un abile amministratore.

Coadiuvato in gran parte dei suoi impegni dal suo stimato e sodale cancelliere, Axel Oxenstierna, a cui delegava qualsiasi decisione politica quando era impegnato nelle campagne militari. Sempre col suo cancelliere, sviluppò un solido ed efficace sistema di governo centralizzato.

Fu il primo sovrano a saper sfruttare a fondo le ricche risorse minerarie del proprio paese.

Alla sua morte gli succedette la giovane figlia Cristina, che data la giovane età (era nata nel 1626) venne coadiuvata dall'onnipresente primo ministro Oxenstierna che di fatto regolerà la politica svedese per il resto della guerra.

Il motto scelto da Gustavo fu *"Cum Deo et victribus armis"*: con Dio ed un esercito vittorioso.

Mentre su alcune delle molte medaglie coniate dopo la vittoria di Breitenfeld era inciso: *"Gustavus Adolphus Svecorum et Vandalorum Rex. Un degno cavaliere dato da Dio, eletto da Dio, a ciò destinato. Io faccio la guerra, Dio comanda la riscossa, per Gesù Cristo, che mi arma di buon animo, a pro degli evangelici!"*.

▲ *Gustavo Adolfo alla battaglia di Breitenfeld nel 1631. Quadro di Johann Walter*

▲ *Ritratto del re Gustavo Adolfo nel 1630 circa. Attribuito a Jacob Hoefnagel (Livrustkammaren museum)*

L'ASSEMBLEA DI LIPSIA

Per il mondo protestante tedesco, l'arrivo di Gustavo Adolfo doveva rappresentare una sorta di miracolo. L' editto di restituzione, ed i danni provocati dalla guerra che ormai durava da più di dieci anni, avevano piegato, e reso miserabile la vita e la situazione generale per migliaia di sudditi dell'imperatore che seguivano la religione riformata. Ora questo grande generale nordico aveva già avuto modo di dimostrare tutto il suo valore militare.

Napoleone, che lo considerava uno dei più grandi generali della storia, analizzandone tutta la sua campagna tedesca, riteneva la parte iniziale, quella dello sbarco della sua armata e del consolidamento della Pomerania, come il suo vero e proprio capolavoro strategico.

Ovviamente anche il re svedese realisticamente si aspettava o perlomeno si augurava di essere ricevuto a braccia aperte dai tedeschi del nord.

Così non fu, nessuna banda fu allestita per salutare il salvatore, anzi dai più la sua venuta fu vissuta con crescente fastidio. Significativa fra i tanti esempi che si possono dare, la "costretta" alleanza del duca di Pomerania, mentre i soli principi germanici che aderirono con entusiasmo, da subito o nei primi giorni di questa avventura, furono essenzialmente quelli che più avevano già perso molto come i duchi di Meclemburgo e i bellicosi fratelli Sassonia- Weimar.

Questi soli rallegravano lo spirito del sovrano svedese ma nulla più. Gustavo Adolfo voleva, anzi di più, necessitava dell'amicizia dei due più importanti principi protestanti imperiali: gli elettori di Sassonia e Brandeburgo.

Dei due il più importante era certo Giovanni Giorgio di Sassonia, in ultima analisi il nemico potenzialmente più pericoloso per il re svedese, assai più di Ferdinando II, per antonomasia il suo nemico cristallino, franco ed evidente contro il quale si doveva solo combattere per non perire. Giovanni Giorgio era stato fin qui un fedele ed utile alleato dell'imperatore, operando attivamente nella campagna di Lusazia ed negli altri conflitti che ne erano seguiti, generalmente tutti contro i suoi corregionali.

Il trasferimento dell'elettorato palatino e soprattutto l'editto di restituzione, avevano però finito con lo scuoterlo e renderlo pieno di dubbi.

Sentiva che la sua fede era in grave pericolo, ed ancora di più lo era il suo potere e la pace dei suoi territori. Ciononostante continuava a considerare legittima la posizione del "suo" Impera-

▲ *Stampa tardo cinquecentesca della città di Lipsia (collezione privata)*

tore, ed a lui che si rivolse per cercare di ottenere qualcosa. Cercò di persuadere Ferdinando II della necessità di sospendere o almeno mitigare le clausole dell'editto di restituzione, ma le sue lettere e le sue richieste rimasero lettera morta o poco più. Ventilò l'ipotesi che ogni stato potesse decidere in autonomia a riguardo dell'editto, ma anche questa egoistica soluzione risultò essere un'utopia. Per contro Gustavo Adolfo era e rimaneva agli occhi dell'elettore sassone uno straniero che veniva ad intromettersi negli affari tedeschi, le cui intenzioni non erano solo esclusivamente religiose, ma anche espansionistiche a cominciare dalla conquista della costa baltica ormai già nelle sue mani. La religione protestante, la Svezia e la Francia sua principale finanziatrice avevano solo da guadagnare da una guerra vittoriosa, il popolo tedesco no, esso aveva solo da perdere, perciò il signore sassone puntò ad un terzo polo, che potesse in qualche modo fungere da solo arbitro nell'intricata situazione.

Trovò un importante alleato nel proprio vicino: Giorgio Guglielmo elettore del Brandeburgo, come lui molto interessato alla neutralità.

Soltanto che la posizione di Giorgio Guglielmo era un po' più delicata essendo il suo stato "già in mezzo" al conflitto, soprattutto a causa delle sue pesanti parentele: cognato di Federico di Boemia il re d'inverno, ma soprattutto cognato

dello stesso Gustavo Adolfo re di Svezia che ne aveva sposato una sorella.

Nel febbraio 1631 questi due elettori protestanti deliberarono quindi di tenere un'assemblea a Lipsia, con lo scopo di potere raggiungere un accordo fra le parti in causa e giungere ad un'auspicata pace. Gli argomenti erano per la verità sufficientemente forti e realistici.

L'elettore sassone sentiva di poter forzare l'imperatore ad un compromesso ventilando la minaccia di una possibile alleanza sua e del Brandeburgo con il temuto re svedese.

A tal fine fu stilato il manifesto detto di Lipsia, una sorta di ultimatum in cui era chiaramente indicato l'editto di restituzione in primis, e le scorribande delle soldataglie imperiali per seconde, come cause principali dei conflitti nei territori dell'impero e segnatamente sui loro territori.

A questo essi aggiunsero il declino dei poteri concessi ai principi, ed i continui rimaneggiamenti della costituzione. Giovanni Giorgio riuscì a far mettere in calce a tale documento la firma di numerosi rappresentanti, oltre alla Sassonia, suggellarono il documento: l'elettore del Brandeburgo, i principi di Anhalt, Baden, Assia, i ducati sassoni minori, Brunswick, Württemberg, Meclemburgo. Dalle città libere venne la sottoscrizione di Norimberga, Lubecca, Strasburgo, Francoforte sul Meno e molti altri.

▲ *Scorribande ed assedi caratterizzarono la prima parte della campagna di Pomerania. Tela di Gerrit van Santen, Riikmuseum*

▲ *Tallero di Giorgio di Sassonia*

In sostanza si trattava di una fazione veramente robusta, che davvero poteva vantare la speranza di smuovere la corte imperiale e vincere Gustavo Adolfo senza sparare un solo colpo.

Per di più l'elettore sassone aveva approntato un'armata e trovato un validissimo condottiero che la guidasse nell'ex braccio destro di Wallenstein: il brandeburghese protestante Giovanni Giorgio Von Arnim, un generale che anche Gustavo Adolfo teneva in alta considerazione.

I termini erano ormai chiari o Ferdinando cancellava l'editto di restituzione, fonte di tutti i mali; oppure i suoi sudditi protestanti gli si sarebbero rivolti contro, in concorso con il nemico svedese già attivo in Pomerania.

Ai primi di aprile tale documento venne consegnato all'imperatore, accompagnato da una sentita supplica personale di Giovanni Giorgio di Sassonia. Ferdinando II manifestò un atteggiamento di sufficienza a riguardo, sottovalutava ancora la potenza del re svedese e considerava un mezzo bluff la richiesta dei suoi elettori protestanti. Prese tempo e poi inviò una risposta apparentemente conciliante, ma sostanzialmente chiudeva la porta in faccia a qualsiasi compro-

messo: l'editto non si toccava ed imperiosamente ordinava che non si armassero truppe al servizio protestante. È utile all'inquadramento della grave situazione citare un curioso foglietto di scherno che girava in quei giorni a Vienna: *"Ahi, i poveri cagnolini luterani tengono a Lipsia un congressino. Chi c'era? Un principino e mezzo. Cosa volevano fare? Una guerriciola. Chi la doveva dirigere? Il sovranuccio svedese. Chi deve fornire i soldi? Il cacciatorino sassone. Chi se ne rallegrerà? Il principino Palatino. E a lui cosa preme? Il suo nidino di Heidelberg."*

Il dado era ormai tratto, ed ora Gustavo Adolfo poteva, con maggiore fiducia passare il suo Rubicone.

LA PRESA DI FRANCOFORTE SULL'ODER

Il suo Rubicone si chiamava Oder, e la prima vittima era la città di Francoforte. La diversione aveva fra le altre cose l'obiettivo di distrarre l'assedio da Magdeburgo da parte del Tilly, che, in effetti, per qualche tempo rimase incerto sul da farsi: se correre in aiuto di Francoforte o finire l'opera in corso davanti alla città ribelle sull'Elba. Il 13 aprile gli svedesi con un efficiente esercito di 23.000 uomini giunsero davanti alle mura di Francoforte: la assalirono e la conquistarono non dopo aver chiesto la resa incondizionata ed il pagamento di un forte riscatto.

Memore del terribile saccheggio a cui gli imperiali si erano lasciati andare nella conquista di Neu Brandeburg, re Gustavo Adolfo contrariamente alle sue abitudini, volle far pagare la stessa moneta alla sfortunata Francoforte, il cui assedio gli era costato la perdita di 800 uomini.

Fu in sostanza un'anticipazione feroce di quanto poco dopo accadde alla povera Magdeburgo: i 3.000 uomini della guarnigione della città sull'Oder furono massacrati insieme con molti poveri abitanti della città, tanto che servirono ben sei giorni per bruciare i cadaveri, e scavare gigantesche tombe da 100 posti ognuna per far posto a tutti quei poveri resti. I due contendenti non scherzavano, nell'intento di spaventarsi a vicenda, e la guerra cominciava ad assumere sempre

GIORGIO GUGLIELMO ELETTORE DI BRANDEBURGO 1595-1640

Giudicato da molti storici come la figura più deplorevole che il clan Hohenzollern abbia partorito. Oggi si è più portati ad una maggiore comprensione e clemenza nei confronti dell'elettore del Brandeburgo. Va infatti considerato che la situazione personale e politica di Giorgio Guglielmo all'epoca dei fatti era quantomeno delicatissima: doveva curare le sorti di un principato assai povero e deficitario, nonché perennemente colpito da infestanti epidemie che ne decimavano la sfortunata popolazione.

Nato nel 1595, sposatosi nel 1616 con Elisabetta Carlotta del Palatino. Era figlio del Margravio Giovanni Sigismondo di Brandeburgo e di Anna di Prussia. Nel 1619 Giorgio Guglielmo ereditò la Marca di Brandeburgo e il Ducato di Prussia.

Lui calvinista in uno stato a grande maggioranza luterano con un primo ministro cattolico, il Cancelliere Conte Adam von Schwarzenberg!

Maritato con la sorella dell'elettore Federico Palatino lo sfortunato re di Boemia messo poi fuorilegge dal "suo" imperatore.

A Berlino ospitava persino la suocera che non perdeva occasione per ricordargli di agire in aiuto del suo disgraziato figlio.

Ciliegina sul gelato: era anche cognato del sovrano svedese Gustavo Adolfo che ne aveva sposato una sorella, Maria Eleonora del Brandeburgo, ma che in barba a questo osò persino puntare un cannone davanti al suo palazzo per costringere il riottoso elettore ad entrare in alleanza con lui e ad unirsi alle forze protestanti nel 1631.

Il suo disgraziato paese soffrì largamente a causa della guerra. Protestanti e cattolici si scontrarono su questi terreni, derubando, incendiando e decimando la popolazione.

Finché poté comunque manifestò una costante fedeltà all'imperatore, tentò con ogni mezzo di sottrarsi e di sottrarre il suo paese alle distruzioni della guerra, ed anche dopo cercò di agire

▲ *Ritratto giovanile di Giorgio Guglielmo di Brandeburgo*

sempre in modo da non esacerbare gli avversari che di turno, suo malgrado si presentarono.

Con la morte del cognato, avvenuta nel 1632, Giorgio Guglielmo rimase schierato con gli svedesi sino alla loro sconfitta nella Battaglia di Nordlingen, il 6 settembre 1634.

Giorgio Guglielmo ritornò quindi legittimamente nel suo Brandeburgo quando venne siglata la Pace di Praga con l'Imperatore Ferdinando II il 30 maggio 1635.

Rimase duca fino alla sua morte, avvenuta il primo dicembre 1640 nella lontana Konigsberg dove si era ritirato negli ultimi tre anni.

Lasciò il potere al suo unico figlio ed erede, il futuro Federico Guglielmo il Grande.

▲ *1. Ufficiale dei corazzieri imperiali. 2. Picchiere imperiale armato di corsaletto protettivo. 3. Bandiera del reggimento dei corazzieri di Gottfried Heinrich, conte di Pappenheim. Tavola dell'autore*

più le sembianze di un grosso indiscriminato massacro. Tilly appena informata della caduta della città imperiale sospese la marcia di avvicinamento della sua armata che aveva intrapreso e tornò risoluto su Magdeburgo.

Dopo Francoforte, gli svedesi si assicurarono anche la presa di Landsberg. Avevano ormai il controllo di tutto il territorio alle loro spalle; anche Kolberg, la piazzaforte sul Baltico, aveva finito col cedere e si arrese in marzo.

Il re svedese si concentrò quindi nella pressione diplomatica nei confronti dei cauti elettori protestanti. Iniziò dal più debole Giorgio Guglielmo al quale notificò in maniera chiara che pretendeva alleati sicuri ed obbedienti, non voleva nessun tipo di neutrali in questa impresa.

Ripeteva spesso: *"qui combattono Dio e il Diavolo, chi combatte per me combatte per Dio, chi vuole stare con il diavolo mi deve combattere. Tertium non datur"*. Nel mese di maggio marciò quindi risoluto su Postdam e Berlino, conquistò la fortezza di Spandau e costrinse il povero elettore del Brandeburgo ad un'alleanza provvisoria nei suoi confronti ed al pagamento di una retta mensile di qualche decina di migliaia di talleri.

Uno dei due "moderati" era caduto rapidamente come una mela matura. Il 22 giugno, dopo la caduta di Magdeburgo venne poi firmata la formale alleanza fra Svezia e Brandeburgo.

Rimaneva tuttavia da convincere ancora lo zoccolo duro rappresentato dall'elettore di Sassonia, la cui posizione si era certo indebolita dalla defezione forzata del suo collega di Berlino, ma che ancora non aveva cambiato opinione nei confronti dell'invasore nordico.

Questa ferma presa di posizione del duca sassone obbligherà Gustavo Adolfo ad assistere impotente suo malgrado all'immane disastro che stava per abbattersi sulla città simbolo dei protestanti, alla cui valida difesa il re svedese aveva posto un valido tosto e rognoso generale originario dell'Assia: Dietrich Falkenberg.

▲ *L'assedio di Francoforte sull'Oder il 13 Aprile del 1631, in una delle migliori incisioni di Matthäus Merian*

IL SACCO DI MAGDEBURGO

La sventurata città si trovava in stato d'assedio sin dai primi di aprile. Falkenberg era stato informato che avrebbe dovuto tenere duro per almeno due mesi, e in effetti, aveva operato un'intelligente difesa con il suo piccolo presidio di 3.000 uomini che ne doveva fronteggiare quasi 10 volte tanto.

Per qualche tempo aveva goduto dell'indecisione del Tilly, incerto sul da farsi, se correre a liberare Francoforte, penetrare nel Brandeburgo o completare l'assedio. Conclusasi come sappiamo la vicenda della città sull'Oder, il generale imperiale predispose l'attacco finale, sempre anticipato da richiesta di resa senza condizioni.

Richieste che il generale Falkenberg e l'amministratore protestante della città respinsero sempre sdegnosamente, e che fecero in modo di occultare il più possibile, almeno nella forma e nella sostanza ai poveri disgraziati cittadini più propensi a giungere ad un accordo.

Iniziò quindi un metodico assalto a tutte le fortificazioni esterne, che caddero una ad una di solito abbandonate spontaneamente dai soldati svedesi una volta compreso che stavano diventando indifendibili. Per ultimo venne anche distrutto il ponte sull'Elba dopo aver abbandonato gli ultimi sobborghi di qua dal fiume.

Tilly a questo punto mandò il Pappenheim dalla parte opposta del fiume in modo da completare l'assedio della città per l'intero suo perimetro.

Magdeburgo cercava di far fronte disperatamente a questa stretta ed iniziò l'arruolamento dei propri cittadini, che finirono soltanto con l'aumentare la confusione che già regnava sovrana all'interno della città assediata.

La loro arma maggiore continuava ad essere la speranza di veder apparire all'orizzonte l'esercito svedese. In effetti, avanguardie svedesi erano spesso mandate in quella direzione con il fine di allarmare il Tilly. Il risultato di tutto questo operare però fu solo quello di accelerare le operazioni ossidionali che a metà maggio giunsero a pochi metri dalle mura della città. Dagli spalti si potevano udire le voci dei difensori continuamente martellati dalle artiglierie imperiali che avevano già provocato seri danni a torrioni e terrapieni.

▲ *Gustavo Adolfo ritratto da Jakob Elbfas*

▲ 1. *Ufficiale di cavalleria imperiale che indossa il tipico buffalo pesante in pelle naturale, sopra il quale calzavano la mezza armatura. 2. Ufficiale dei corazzieri imperiali, in completa armatura brunita scura, da qui il nomignolo corazzieri neri, affidato agli uomini del Pappenheim. 3. Cornetta di cavalleria di un reggimento Imperiale (Austria). 4. Bandiera del reggimento dei corazzieri imperiali Don Fernando di Capua. Tavola dell'autore*

Questi divennero di particolare intensità dal 17 maggio. Il giorno successivo Tilly mandò un altro ennesimo ultimatum minacciando assoluta sottomissione in caso di rifiuto. Il 19 gli imperiali tennero un consiglio di guerra in cui fu deciso un potente attacco che si doveva sviluppare su ben sei fronti, il più importante di questi assalti era quello a carico del Pappenheim al bastione di nord-est chiamato *"Neu Arbeit"*.

La parola d'ordine convenuta, era nel perfetto stile del Tilly: "Gesù Maria".

I poveri cittadini stavano ancora deliberando attorno all'ultimatum imperiale, quando alle sette del mattino del 20 maggio, un potente bombardamento concentrato sovrastò l'intera città.

Falkenberg tentò una disperata difesa nel punto che era stato segnalato aver subito un'irruzione, ma in quest'ultimo slancio trovò la morte colpito da una moschettata nemica. La cavalleria pesante del Pappenheim, gli irregolari croati ed altre truppe sciamarono all'interno delle vie cittadine, mentre ancora le campane delle chiese suonavano a stormo a richiamare inutilmente i cittadini alla difesa. Ovunque si aprirono sanguinosi e feroci scontri nel tentativo di ricacciare fuori gli invasori imperiali, ma era ormai troppo tardi.

Contemporaneamente si svilupparono diversi incendi in tutta la città, non fu mai chiarito da chi fossero stati accesi: sembra che gli uomini del Pappenheim avessero ricevuto l'ordine di dar fuoco ad alcune case nei dintorni del bastione assalito, ma pare che gli stessi non avessero responsabilità per tutti gli altri incendi che costellavano l'intera città. Una ipotesi che venne formulata

▲ *La bella città di Magdeburgo, in una bella stampa di fine '500 (collezione privata)*

▲ *L'assedio di Magdeburgo del 20 Maggio 1631 da parte delle truppe del Tilly. M.Merian da Theatrum Europaeum*

più tardi assegnò al generale Falkenberg l'idea di ridurre tutto in cenere, in una sorta di Mosca anticipata, in modo da non lasciare nulla di utile agli odiati nemici. E, in effetti, alle armate del Tilly, Magdeburgo completamente saccheggiata, arsa e distrutta non comportava alcun vantaggio: né materiale né tanto meno d'immagine.

La superba città, piazzaforte del protestantesimo era ormai ridotta ad un ammasso di rovine.

Dall'incendio si salvarono solo pochissime case, il duomo e la chiesa della Madonna opportunamente risparmiata persino dal cannoneggiamento dal devotissimo generalissimo.

La soldataglia ebbra ed esaltata si lasciò andare a crimini efferati. Si narrano stupri d'ogni genere: di giovani fanciulle oltraggiate davanti agli occhi dei propri cari o mariti.

In una chiesa furono tagliate le teste a cinquanta persone inermi, i croati furono accusati di gettare bambini vivi nel fuoco. Lo stesso Tilly muovendosi a cavallo nelle vie cittadine aveva l'aria smarrita e sconvolta di chi non sapeva bene che cosa fare. Solo l'immane incendio che cresceva riuscì a fermare per un attimo la disperata foga dei soldati completamente fuori controllo.

Al calare delle fiamme riprese con vigore il saccheggio sistematico nelle cantine risparmiate dal fuoco. Si stimarono in 20.000 le vittime del macello più grave della guerra dei trent'anni.

Più di 6.000 corpi furono gettati nel fiume per impedire l'epidemia di peste, degli altri non rimaneva traccia, dato che furono consunti dalle fiamme. I morti imperiali furono poco più di 300 e 1500 i feriti. Qualche giorno dopo il Tilly cercò di riordinare la città e i suoi abitanti per quanto poteva: distribuì viveri ai poveri sopravvissuti, li sistemò in alloggi ricavati dai pochi edifici ancora in piedi in città o nei sobborghi vicini assicurandogli un minimo di sostentamento.

Infine fece levare un *te deum* di ringraziamento nella scampata cattedrale e provvide ad informare l'Imperatore della catastrofe a cui aveva assistito paragonandola ad una novella Troia o Gerusalemme. Tuttavia nel mondo cattolico c'era anche chi gioiva e plaudiva al risultato finale, e ricordando che il simbolo protettore di Magdeburgo era una giovane fanciulla, le dedicarono questi ironici versi: *"Anni fa la vecchia serva rifiutò di ballare con l'Imperatore, adesso balla col vecchio garzone. E ben le sta, all'orgogliosa donzella".*

L'ASSEDIO DI WERBEN

Dopo il licenziamento del Wallenstein, Tilly come abbiamo visto divenne comandante in capo delle congiunte armate imperiali.

Sfortunatamente però, egli non poté operare con efficacia fino alla primavera del 1631.

Il re di Svezia nella sua "comoda" guerra contro isolate guarnigioni, non faticò a raggiungere un completo controllo di un vasto territorio della intera Germania del nord.

La posizione strategica del Tilly era assai più complessa di quella svedese che poteva contare su linee di rifornimento dirette e ben protette.

L'armata imperiale era pur sempre composta di due fazioni: quella propriamente detta della lega cattolica disposta ad Ovest lungo il fiume Elba, e quella imperiale, già del Wallenstein più a Sud-Est lungo il fiume Oder.

La posizione dei "neutrali" elettori protestanti moderati creò problemi ad entrambe le fazioni, ma in misura maggiore al Tilly.

La Sassonia era una sorta di zona franca, che per molti chilometri divideva gli schieramenti e costringeva gli eserciti a "girargli" intorno.

La terza forza sognata da Giovanni Giorgio di Sassonia, finiva con l'essere, almeno indirettamente un'arma anticattolica e anti-imperiale.

La strage della città sull'Elba ottenne in ogni modo lo scopo di rimescolare le carte. Il massacro di Magdeburgo rappresentò una vera iattura per Tilly, che confidava nelle ricchezze stipate nei magazzini e nelle case della città ribelle per sostentare i suoi. Ma per Gustavo Adolfo fu molto peggio; la sua credibilità ne ebbe a soffrire, molti si domandarono per quale motivo non

fosse accorso in suo aiuto. L'elettore sassone fu ancora più assediato dai dubbi sul da farsi.

Questo tremendo colpo provocò però nell'animo del re di Svezia un fortissimo desiderio di riscatto che gli fece abbandonare quella cauta ed eccessiva prudenza che aveva fin qui caratterizzato tutte le sue azioni. Mise quindi ancora più pressione agli elettori moderati, e come abbiamo visto, riuscì a convincere Giorgio Guglielmo del Brandeburgo invadendogli il paese.

Tilly quindi cercò giustamente di avvantaggiarsi da questo favorevole momento strategico e mosse incontro al nemico. In questo modo pensava, avrebbe perlomeno ostacolato la caduta di tutto il Brandeburgo. La sua posizione doveva però fare i conti con gli armati sassoni, giuridicamente sotto la sua autorità, e addirittura forze da proteggere dall'invasore svedese, assai più realisticamente si trattava già di nemici effettivi che assommavano a quasi 50.000 uomini fra guarnigioni, reclute e armati operativi.

In ogni caso grazie a nuovi reclutamenti e a truppe provenienti dall'Italia che si erano liberate grazie alla recente pace di Cherasco, l'armata campale del Tilly era supportata da ben tre armate dislocate a sud che totalizzavano circa 30.000 soldati. Queste armate unite avrebbero certamente avuto la meglio se si fossero immediatamente avventate sulle milizie sassoni, ma la diplomazia imperiale riteneva prematuro un attacco all'incognita Giovanni Giorgio. Così Tilly procedette alla separazione della sua armata in due grossi tronconi: la prima al comando del Pappenheim con il compito di vigilare nell'area di Magdeburgo, la seconda sotto il suo comando marciò in Turingia per far assaporare un po' di picca e spada ai fratelli Sassonia-Weimar.

Nel frattempo le altre armate imperiali a sud occuparono facilmente il Württemberg e la città di Ulm sotto la guida dei generali Furstenberg ed Aldringer. Una terza armata cattolica diretta dal generale Fugger occupò l'Assia. Gustavo Adolfo

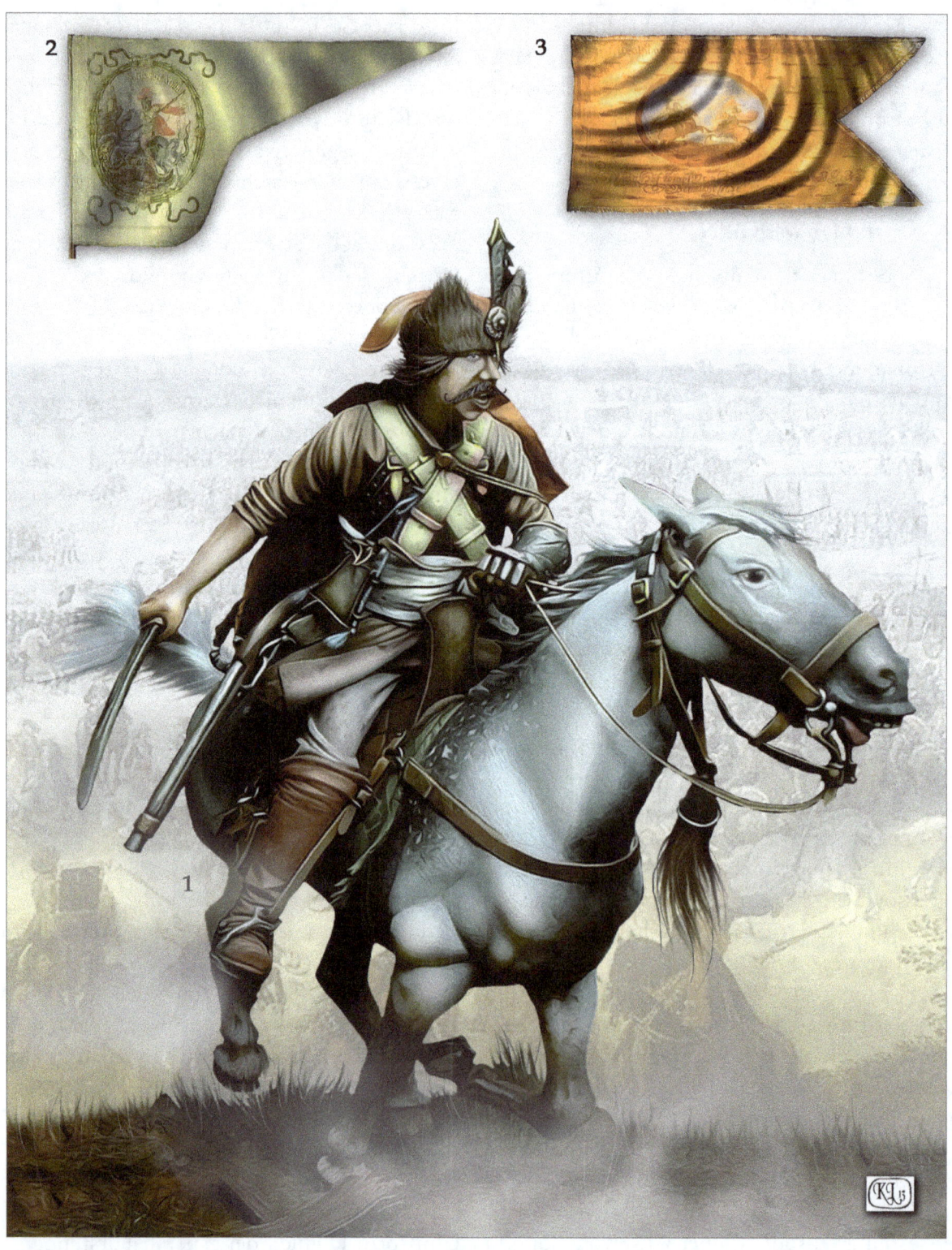

▲ 1. *I micidiali cavalleggeri croati furono l'incubo delle truppe sassoni nella battaglia di Breitenfeld. Comandati da Giovanni Lodovico Isolani, un generale goriziano. 2 e 3. Cornette dei dragoni croati, da esemplari conservati nel museo delle armi a Stoccolma. Tavola dell'autore*

si apprestava a parare il colpo creando una forte linea difensiva lungo i fiumi Elba, Havel e Spree. Corpi minori furono inviati come diversivi nel Meclemburgo, o con compiti di controllo nella Slesia per tenere fermi i fuggiaschi di Francoforte sull'Oder. Dalla parte opposta l'irruento Pappenheim detestava starsene con le mani in mano, ed ai primi di luglio con una forza di 13.000 uomini, partendo dalle sue teste di ponte sull'Havel mosse un'offensiva generale contro Havelberg, Werben e Burg. La risposta svedese fu immediata e parimenti risoluta; in poco più di una settimana gli imperiali furono respinti con perdite e ricacciati di qua dal fiume, perdendo nella manovra anche l'importante testa di ponte di Tangermunde, che gli svedesi trovarono intatto.

Gli svedesi resi più audaci da questi successi, contavano di radunare un buon numero di soldati, almeno trentamila, e con essi farsi incontro all'armata imperiale ancora non raggiunta dai distaccamenti partiti dal sud.

Gustavo Adolfo mise in conto anche la possibilità inversa, e cioè di trovarsi in sotto numero e prudentemente adottò anche un piano difensivo che faceva perno attorno alla città di Werben appena tolta agli uomini del Pappenheim. Tilly ricongiuntosi con il suo animoso generale poteva contare ora su una forza di quasi 20.000 uomini; non tanti ma per sua fortuna superiori ai 15.000 che il re di Svezia era riuscito a concentrare nella zona. La città di Werben era magnificamente disposta per consentire una forte difesa.

Il fiume Elba copriva per tre quarti e sul davanti era circondata da fonde paludi. Il re svedese creò in quel posto un potente campo trincerato, con bastioni, rivellini e ridotte ben coperte e supportate da sufficienti artiglierie. Una cintura difensiva paragonabile a quelle celebri ed imprendibili sperimentate dagli olandesi che si apprestava a ricevere l'urto del generalissimo imperiale.

Tilly, prudente per natura approcciava con estrema lentezza il campo avverso. Lui e il suo rivale svedese continuavano a tenere un occhio vigile verso la Sassonia che sempre più appariva come l'ago della bilancia, la cui neutralità, si sapeva, aveva i giorni contati. Il 27 luglio la cavalleria svedese mossa in ricognizione sorprese alcuni reggimenti avversari nei dintorni di Burgstall procurando loro perdite cospicue e mettendo in fuga i restanti cavalieri avversari.

Tilly angustiato da questo fatto, raggiunse la città di Werben il 5 di agosto, subito si rese conto che la stessa era inespugnabile, e che certo lui non avrebbe arrischiato un attacco frontale. Tuttavia l'indomani mattina si presentò una fitta nebbia, che si pensava avrebbe potuto favorire un avvicinamento ed un attacco ai punti più sensibili dello schieramento avversario. Aiutati dalla scarsa visibilità, gli imperiali si portarono a meno di 1.500 metri dalle linee nemiche. A quel punto la nebbia si alzò e le artiglierie aprirono immediatamente il fuoco, tuttavia la distanza era ancora eccessiva perché tale fuoco potesse creare seri danni ad entrambi i fronti. Gustavo Adolfo ebbe la saggia prudenza di non accettare uno scontro in campo aperto con forze palesemente inferiori, ed operò invece a movimenti interni per rinforzare localmente i punti deboli del campo. Tilly dispose l'armata in formazione di battaglia per un paio di giorni offrendo al rivale svedese l'opportunità di misurarsi con lui.

Gustavo Adolfo rigettò entrambe le volte lo sconveniente invito. L'otto di agosto, finalmente il Tilly sloggiò il campo e si ritirò a sud.

L'operazione gli era costata un migliaio di perdite contro le poche centinaia lamentate dagli svedesi che prontamente salutarono la ritirata degli imperiali come una loro vittoria. Nei giorni e nelle settimane seguenti le forze contrapposte cercarono di rinforzare i loro organici. L'armata imperiale con l'arrivo di Furstenberg appariva ancora più forte presentando un totale attorno ai 35.000 uomini senza contare gli eserciti di Aldringer e Fugger in forte avvicinamento.

GIOVANNI GIORGIO ELETTORE DI SASSONIA 1585-1656

Figlio secondogenito dell'elettore Cristiano I e di sua moglie Sofia di Brandeburgo, Nato il 15 marzo 1585 a Dresda e succedette a suo fratello Cristiano II nella carica dell'elettorato nel 1611, dopo la morte di costui e di suo padre pochi mesi prima. Giovanni Giorgio si sposò due volte. La prima con la principessa Sibilla Elisabetta, figlia di Federico I di Württemberg, che morì di parto. La seconda volta con Maddalena Sibilla di Hohenzollern, figlia di Alberto Federico di Prussia nel 1607 a Torgau, da questo secondo matrimonio nacquero ben 10 figli. La posizione geografica della Sassonia quanto il suo ruolo importante all'interno degli stati imperiali protestanti davano al suo elettore un ruolo di protagonista durante il periodo della guerra dei trent'anni. All'inizio del suo incarico, tuttavia, Giovanni Giorgio I assunse una posizione alquanto distaccata nei confronti del conflitto che lacerava il Sacro Romano Impero. La sua fedeltà alla religione protestante era indiscussa, tuttavia egli non aveva intenzione di rafforzare l'influenza e il potere politico del Brandeburgo né tantomeno del Palatinato; fu così che l'elettore di Sassonia si preparò a cambiare politica e a favorire la casata degli Asburgo e la fazione cattolica. In quest'ambito nel 1619 il suo voto diventa determinante per l'elezione a imperatore di Ferdinando II di Stiria. Titolo a cui aveva in qualche modo sperato lui stesso nel ruolo di elettore protestante moderato.

Partecipa quindi da alleato alla prima parte della guerra dei 30 anni, distinguendosi nella campagna di Lusazia che terminerà con l'assedio e la conquista di Bautzen. Successivamente la questione del passaggio dell'elettorato palatino al duca di Baviera, ma soprattutto l'editto di restituzione, sconvolgeranno la sua politica pacificatoria e si metterà a capo del cosiddetto terzo polo, nato nel 1631 con la convocazione di Lipsia. Nonostante tutto l'elettore sassone rimase restio

▲ *Ritratto di Giovanni Giorgio di Sassonia. Skokloster Castle*

a spezzare la sua alleanza con l'imperatore.

Presto costretto dagli eventi bellici quando le armate imperiali, alla guida del Tilly, iniziarono a saccheggiare le terre di Sassonia, egli finì con lo stringere una alleanza con il re svedese. Fu così che le truppe sassoni parteciparono con poca gloria alla battaglia di Breitenfeld.

Riavvicinatosi all'imperatore, condurrà il resto della guerra sul fronte imperiale. Nel 1645 concluderà la sua partecipazione all'annoso conflitto stipulando l'armistizio di Koetzschenbroda con la Svezia, successivamente ratificato nei trattati di Westfalia. Protettore delle arti ebbe la fortuna di avere a corte il noto musicista E. Schutz. Dedicò gli ultimi anni della sua vita alla cura della sua famiglia e della corte.

Morirà il 18 ottobre 1656.

DESTINAZIONE BREITENFELD

L'inutile neutralità sassone continuava ad aggravare pesantemente la strategia dell'esercito cattolico. Bloccando le migliori vie di collegamento fra le varie armate separate: quella sull'Elba e quella sull'Oder finendo col diventare una sorta di scudo difensivo per Gustavo Adolfo. A complicare ancora di più la faccenda era la leva di reclute da parte sassone, decisa dalla conferenza di Lipsia ma bocciata e sottoposta a seria minaccia dall'imperatore.

Al povero Tilly toccò alla fine occuparsi anche di questa mela avvelenata, che avrebbe finito fatalmente col gettare il duca sassone nelle braccia del re svedese che già si era assicurato l'alleanza con il Brandeburgo. Con l'intento di porre un ultimatum a Giovanni Giorgio in merito all'arruolamento di reclute, Tilly entra in Sassonia all'inizio dell'estate dando il via all'occupazione.

I delegati imperiali furono ricevuti da Giovanni Giorgio il quale ammonì gli stessi che se avessero cercato di gustare la frutta candita sassone, vi avrebbero trovato alcuni pezzi molto duri da masticare. Questo aneddoto fu alla base di molte satire che vennero poi stampate e diffuse in gran quantità. L'elettore decise tuttavia di prendere tempo non intervenendo immediatamente,

▲ Tilly "invitato" a non assaporare la frutta candita sassone. Stampa popolare dell'epoca. Riikmuseum Amsterdam

35

allora l'esercito imperiale ruppe gli indugi e iniziò l'assedio di Lipsia. A questo punto Giovanni Giorgio dovette operare una scelta ed il 30 agosto arrivò a promettere l'alleanza al re svedese e più tardi a riunire le sue forze con quelle del leone del Nord ed affrontare Tilly attorno alla città di Lipsia. Verso fine agosto anche la città di Brema e il Langravio Guglielmo dell'Assia-Kassel si unirono all'alleanza anti-imperiale.

L'incontro fra Gustavo Adolfo e l'elettore sassone avvenne nella città di Duben il 15 settembre 1631, mentre gli uomini dell'esercito imperiale entravano in Lipsia e la saccheggiarono.

I due nemici distavano soli 25 chilometri, Tilly non poteva ormai più sottrarsi allo scontro, si trovava infatti in un territorio ormai nemico e circondato da forze per la prima volta superiori. Ritirarsi verso sud era un'impresa impossibile, entrare nella Boemia di Wallenstein avrebbe comportato un nemico in più nella persona del generalissimo disoccupato, che in quei giorni per lui oziosi, pare avesse avuto anche tempo e modo di offrire i suoi servigi al re di Svezia.

La speranza per Tilly era di venire raggiunto dai rinforzi guidati da Aldringer. I nuovi alleati protestanti disponevano ora di un'armata di quasi 50.000 uomini di cui 30.000 svedesi e 20.000 sassoni, almeno 10.000 in meno gli uomini del Tilly. Bello a vedersi l'esercito del re in avvicinamento con i reggimenti "colorati"; anticipazione di una moderna uniformologia, così gli stendardi dei reggimenti giallo, rosso, azzurro e verde.

Un supporto d'artiglieria impressionante, vera arma segreta di Gustavo, e poi la cavalleria e la reale carrozza azzurrina. Ancora di più del numero dei soldati, in qualche modo compensati dallo scarso valore delle "reclute" sassoni; saranno proprio le artiglierie a fare la differenza: 26 cannoni quelli del Tilly, ben tre volte tanto gli alleati protestanti. Gli imperiali hanno il vantaggio della posizione: sistemati su comode colline, alle spalle hanno la conquistata città di Lipsia, il

sole e il vento sono loro favorevoli. Molto diversi i due comandanti imperiali: saggio prudente ma ormai in declino il Tilly. Irruento, coraggioso, pieno di gloriose cicatrici, ma assai poco paziente il comandante in seconda Pappenheim.

Questi si era volutamente procurato la battaglia, la sera prima cozzando con i suoi cavalieri contro l'avanguardia nemica, e anziché scegliere di ritirarsi convenientemente, chiese di essere raggiunto da tutta l'armata nei dintorni dello sconosciuto villaggio di Breitenfeld.

Tilly sconsolato ebbe a dire e a farsi sentire da tutti: *"Questo generale (Pappenheim) toglie a me l'onore e la reputazione e al suo imperatore, la sua terra e il suo popolo!"*. Tilly contrariamente alle sue abitudini usò molto del tempo che gli rimaneva per arringare le sue truppe e motivare gli ufficiali, spendendosi in continui richiami con il suo tedesco ancora piuttosto grezzo nonostante alcuni decenni di campagne militari sulle spalle combattute nelle contrade germaniche.

La solita costante in merito a parola d'ordine e grido di battaglia fu ovviamente la consueta e tradizionale: *"Gesù Maria"*.

Al contrario, il re svedese, era un collaudato oratore, tuttavia in questa importante e solenne occasione, abbandonò la fiera retorica e sviluppò un conciso ma vibrato discorso che faceva perno sui valori di coraggio e disciplina. Il motto di battaglia scelto fu: *"Dio è con noi"*.

Gli imperiali si disposero lungo il crinale a sud in una lunga linea di quasi quattro chilometri in direzione est-ovest, in formazione tradizionale con la fanteria al centro divisa in 12 grossi tercio al diretto comando del generalissimo.

Alle ali fu posta la cavalleria. A sinistra Pappenheim, a destra Furstenberg. L'artiglieria tutta disposta al centro che appena vide gli avversari a portata apri immediatamente il fuoco. Gli alleati giunti dopo sul campo di battaglia si stavano ancora sistemando. L'armata protestante si dispose a nord in formazione parallela ma più lunga rispetto a quella imperiale. La cavalleria e la fanteria sassone al comando dello stesso elettore in elegantissima uniforme, si disposero alla loro ala sinistra di fronte a Furstenberg. Il centro era occupato dalla fanteria svedese supportata da una magnifica e robusta artiglieria. Infine alla destra sotto il comando del generale Johann Baner il resto della fanteria e tutta la cavalleria svedese.

Fino a mezzogiorno si dannarono solo gli artiglieri con continui tiri di sbarramento peraltro poco efficaci data la distanza fra i due schieramenti. Quindi fu l'irruento Pappenheim a dare il via ai combattimenti, con un'ampia manovra aggirante atta ad evitare la pericolosa ed efficace fucileria svedese, piombò sui fianchi dell'ala destra del Baner. Qui ebbe però modo di collaudare a proprio svantaggio la moderna tattica olandese, ulteriormente elaborata da Gustavo Adolfo, il quale aveva diviso le sue truppe in piccole ma estremamente mobili formazioni che potevano garantire volumi di fuoco micidiali.

Il tutto grazie al sistema ingegnoso delle rotazioni su cinque fila di moschettieri che permetteva una celerità di tiro fino a tre volte superiore a quella imperiale. In breve la cavalleria imperiale si trovò invischiata in sfavorevoli corpo a corpo obbligando il Pappenheim a ripiegare al meglio. Nel frattempo il Tilly vedendo impegnati gli svedesi, decise di investire violentemente l'armata sassone con la sua ala sinistra ed alcuni tercio a rinforzo. I sassoni, grazie all'esperienza del generale Arnim, opposero una fiera resistenza di due ore fino alle 16.00 dopodiché cedettero completamente il fronte e furono posti in disordinata fuga verso nord. I cannoni furono tutti abbandonati e girati dagli stessi imperiali fecero fuoco sui fuggitivi inseguiti anche dagli inferociti cavalleggeri croati che li falciarono a sciabolate.

Lo stesso elettore, spaventatissimo galoppò furiosamente per quasi 15 miglia per sottrarsi alla cattura. La situazione sembrava a questo punto disperata per Gustavo Adolfo il cui alleato, per

▲ *Il sacro patto d'alleanza fra il re di Svezia e gli elettori di Sassonia e Brandeburgo. Stampa popolare dell'epoca*

il quale aveva tanto brigato nei mesi precedenti, si era sciolto in pochissime ore come neve al sole. Ora la cavalleria imperiale rientrata in sede si sarebbe avventata sul ristretto fronte svedese. Ma gli addestrati battaglioni svedesi al comando del generale Horn fecero una conversione da manuale che gli permisero di rintuzzare i nuovi attacchi sulla loro ala sinistra. In questo momento difficile due fatti entrarono in gioco, a cambiare le sorti della grande battaglia: il vento che aveva fin lì accecato con la polvere tutti i poveri soldati svedesi, smise completamente di soffiare; ma soprattutto la determinazione del re svedese, che come un forsennato aveva corso continuamente avanti e indietro per tutto il fronte, urlando e sbraitando ad incitare i suoi.

Questi approfittando della ritrovata visibilità sul campo di battaglia gettò nella mischia buona parte della cavalleria di riserva rimasta fino ad

VERBUM DEI

FIRMISSIMUM ASYLUM

CONSILIO ET FIDE

▲ *1. Trombetta di un reggimento di cavalleria sassone con drappella nazionale. 2. Bandiera sassone reggimento di fanteria Oberst Von Starschedl, (recto). 3. Bandiera sassone reggimento di fanteria Oberst Von Starschedl, (verso). Tavola dell'autore*

allora inattiva. La manovra riuscì, queste truppe fresche separarono l'ormai scoordinata armata imperiale che nell'attacco perse non solo l'artiglieria strappata ai sassoni, ma anche la propria. Il centro cedette, come poco prima, sul fronte opposto aveva ceduto lo schieramento sassone e vi fu una fuga generale verso Lipsia. Era ora il turno degli imperiali ad essere inseguiti a loro volta e sciabolati dalla cavalleria svedese.

Lo stesso Tilly riportò numerose serie ferite, di cui la più grave fu una frattura al braccio destro. Malconcio, depresso e frastornato riuscì a fuggire senza sapere bene dove andare.

Rimaneva solo Pappenheim a reggere l'urto, e lo fece con molto ardimento, riuscendo a portare in salvo buona parte dei suoi uomini e a coprire una ritirata guerreggiata fino a Lipsia, città nella quale convennero buona parte delle truppe imperiali in rotta, città che venne poi abbandonata l'indomani per ritirarsi opportunamente verso ovest su Halle e Merseburg.

A difendere la grande città sassone fu lasciato il corpo del generale Johann Wangler con 3.000 uomini. A sera dopo ben sette ore di aspri combattimenti si contarono quasi 10.000 caduti e altrettanti fatti prigionieri, contando anche i 3.000 del Wangler catturati qualche giorno dopo.

Venne persa anche tutta l'artiglieria assieme a più di cento bandiere che ancora oggi si possono ammirare nella chiesa di Riddarholm a Stoccolma. Molti dei prigionieri, finirono com'era allora usuale, con l'arruolarsi nell'esercito svedese.

Molti generali imperiali trovarono invece la morte in battaglia, fra essi: Erwitte, Baumgarten, Coronini, Cafarelli e altri.

I due comandanti Tilly e Pappenheim lamentarono pesanti ferite. In campo protestante si contarono 3.000 perdite fra i sassoni e quasi altrettante fra gli svedesi, che lamentarono anche la perdita del generale Teuffel.

La grande battaglia di Breitenfeld aveva girato la ruota della fortuna, finalmente per i protestanti

▲ *Il Margravio Cristiano di Brandenburgo-Kulmbach. Uno dei tanti principi tedeschi "piegati" alla alleanza con la Svezia di Gustavo Adolfo. Tela coeva*

dopo 13 anni di continue sconfitte, era arrivata una sonora vittoria, talmente chiara che metaforicamente sfondava la porta della casa imperiale. Ora Gustavo Adolfo euforico come mai prima immaginava una rapida conquista della Franconia e magari anche della Baviera, in barba ai trattati segreti, e così costringere Vienna a capitolare e ad accettare i suoi termini di resa.

Breitenfeld fu un immane disastro per la causa imperiale, che vanificò i tanti successi precedenti. Tuttavia la questione era ancora lontana da una sua soluzione, la parte cattolica aveva ancora diverse frecce nella sua faretra, la più importante era quella, che stupidamente era stata congelata: Wallenstein. Il generale boemo sarebbe presto tornato nell'agone, e fra alti e bassi la guerra sarebbe durata altri 17 anni.

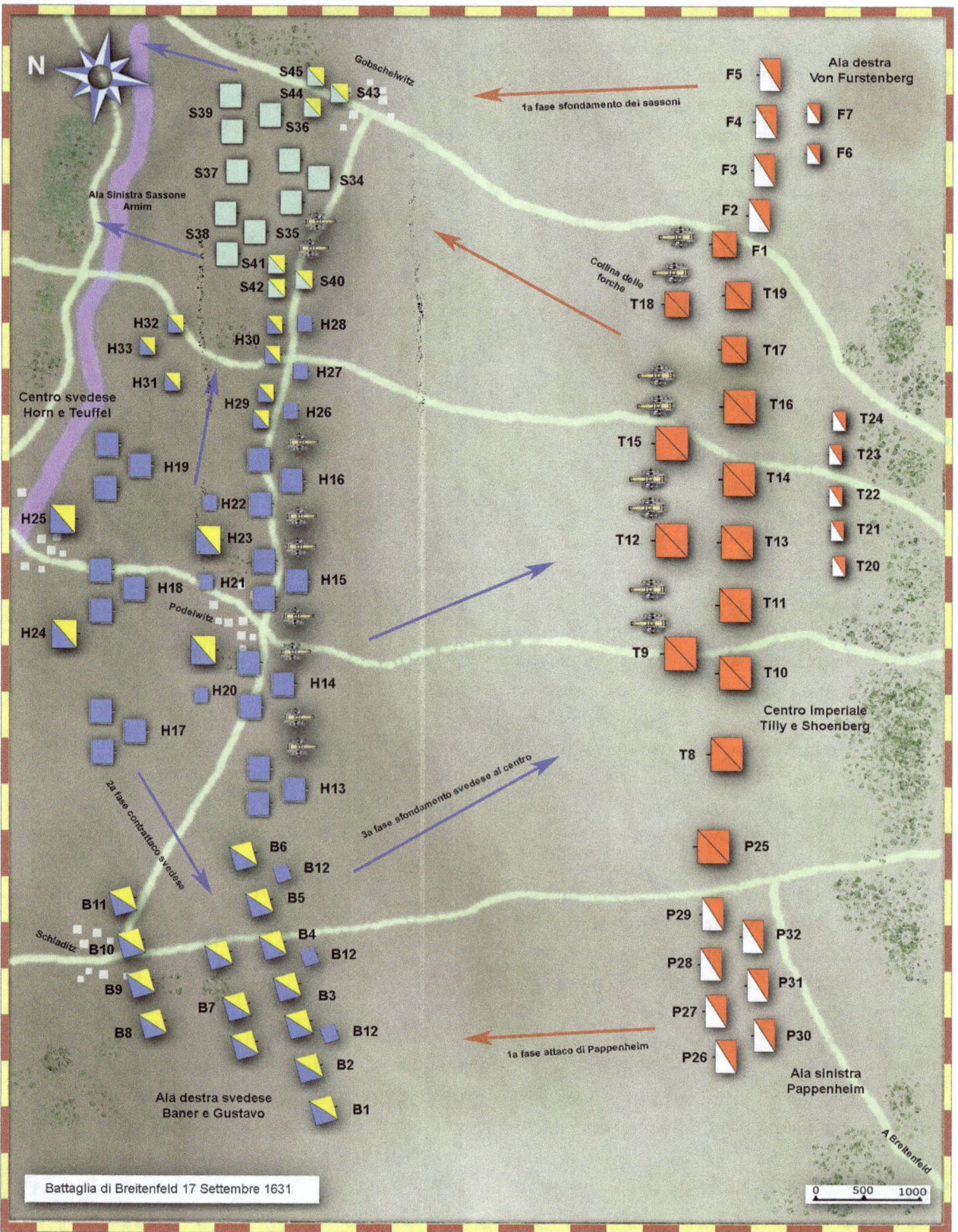

Battaglia di Breitenfeld 17 Settembre 1631

40

DISPOSIZIONI INIZIALI ALLA BATTAGLIA DI BREITENFELD

Truppe dell'esercito Imperiale: al comando del generale Tilly così disposte:

Ala destra al comando del generale Egon Von Furstenberg con 1.200 fanti e 4.200 cavalieri.

F1=Regg. Fanteria Wangler (IMP tedesco): 1.200

F2=Regg. Cavalleria Cronberg (Lega Cat.): 900

F3= Regg. Cavalleria Shonberg (Lega Cat.): 900

F4= Regg. Cavalleria Baumgartner (Lega Cat.): 500

F5= Regg. Cavalleria Corazzieri Alta Sassonia (IMP protestanti): 300

F6= Regg. Cavalleria Archibugieri Wengersky (IMP tedesco): 600

F7=Regg. Croato Isolano (IMP) : 1000

Centro al comando di Shonberg e Tilly con 18.700 fanti, 2.000 cavalieri e 26 cannoni

T8=Regg. Fanteria Chiesa (IMP tedeschi dall'Italia): 1000

T9= Regg. Fanteria Gallas (IMP tedeschi dall'Italia): 900

T10= Regg. Fant. Furstenberg (IMP tedeschi): 1100

T11= Regg. Fanteria Baldiron (IMP spagnoli dall'Italia): 1100

T12= Regg. Fanteria Alt Tilly (Lega Cattolica Wurzburg): 2200

T13= Regg. Fant. Geelen (Lega Cat. Baviera): 2000

T14= Regg. Fanteria Savelli (IMP tedeschi): 900

T15= Regg. Fanteria Goess (IMP tedeschi): 900

T16= Regg. Fanteria Blankhart (Lega Cattolica Westfalia): 2000

T17= Regg. Fanteria Grotta (Lega Cat.): 2000

T18= Regg. Fant. Pappenheim (Lega Cat.): 2400

T19= Regg. Fanteria Wahl (Lega Cat.): 2200

T20= Regg. Cavalleria Erwitte (Lega Cat.): 600

T21= Regg. Cavalleria Montecuccoli Corazzieri (IMP tedeschi): 300

T22= Regg. Cavalleria Coronini Archibugieri (IMP tedeschi): 400

T23= Regg. Cavalleria Cafarelli Archibugieri (IMP spagnoli): 300

T24= Regg. Cavalleria Colloredo Archibugieri (IMP tedeschi): 400

Ala sinistra al comando del generale Pappenheim con 1.500 fanti e 3.800 cavalieri

P25= Regg. Fant. Furstenberg (IMP tedeschi): 1500

P26= Regg. Cavalleria Strozzi corazzieri (IMP valloni): 500

P27= Regg. Cavalleria Neu Saxon corazzieri (IMP tedeschi): 600

P28= Regg. Cavalleria Bernstein corazzieri (IMP tedeschi): 400

P29= Regg. Cavalleria Rangoni corazzieri (IMP tedeschi): 500

P30= Regg. Cavalleria Piccolomini corazzieri (IMP tedeschi): 500

P31= Regg. Cavalleria Merode archibugieri (IMP spagnoli): 500

P32= Regg. Cavalleria Piccolomini archibugieri (IMP tedeschi): 800

Totale forze cattolico-imperiali: 21.400 fanti, 10.000 cavalieri e 26 cannoni per complessivi 31.400 uomini. I cannoni erano del tipo: 12 pesanti, 5 colubrine e 9 cannoncini.

Truppe Svedesi e sassoni: al comando del Re Gustavo Adolfo di Svezia così disposte:

Ala destra al comando di Gustavo Adolfo e J. Banér con 900 fanti e 4.100 cavalieri

B1=Regg. Cavalleria Stalhansk (Finnici): 350

B2=Regg. Cavalleria Wunsch (Finnici): 350

B3=Regg. Cavalleria Tott (Tedeschi): 800

B4=Regg. Cavalleria Soop (Svedesi) 400

B5=Regg. Cavalleria Smaland (Svedesi): 400

B6=Regg. Cavalleria Sperreuter (Svedesi): 150

B7=Regg. Cavalleria Rhinegrave (Tedeschi): 700

B8=Regg. Cavalleria Aderkas (Livonia): 300

B9=Regg. Cavalleria Domhoff (Kurland): 200

B10=Regg. Cavalleria Damitz (Tedeschi): 150

B11=Regg. Cavalleria Sperreuter (Tedeschi): 300

B12=Distaccamenti moschettieri Baner: 900

Centro al comando di Horn e Teuffel con 13.850 fanti, 3.950 cavalieri e 54 cannoni

H13=Brigata Gialla Teuffel tedeschi: 1700

H14=Brigata Oxenstierna svedesi: 1400

H15=Brigata Rossa Hand svedesi-tedeschi: 1750

H16=Brigata Blu Winckel tedeschi: 1800

H17=Brigata Nera Thurn tedeschi: 1900
H18=Brigata Verde Hepburn scozzesi: 2200
H19=Brigata Bianca Vitzthum tedeschi: 1200
H20=dist. moschettieri Ramsay scozzesi: 350
H21=dist. moschettieri Monro tedeschi: 400
H22=dist. moschettieri Hamilton scozzesi: 250
H23=Regg. Cavalleria Ortenburg tedeschi: 500
H24=Regg. Cavalleria Kochtistky tedeschi: 300
H25=Regg. Cavalleria Schaffmann tedeschi: 400
H26= distaccamento moschettieri Wildenstein tedeschi: 400
H27= dist. moschettieri Oxenstierna svedesi: 300
H28= dist. moschettieri Hand svedesi: 300
H29=Regg. Cavalleria Caldenbach tedeschi: 650
H30=Regg. Cavalleria Baudissin tedeschi: 600
H31=Regg. Cavalleria Effern-Hall tedeschi: 800
H32=Regg. Cavalleria Courville tedeschi: 250
H33=Regg. Cav. Dragoni Taupadel tedeschi: 450

Ala sinistra: esercito sassone al comando del generale Arnim e Giovanni Giorgio di Sassonia con 12.150 fanti e 5.200 cavalieri e 12 cannoni

S34=Regg. Fanteria Schwalbach: 2200
S35=Regg. Fanteria Starschedel: 2200
S36=Regg. Fanteria Loser: 2200
S37=Regg. Fanteria Arnim: 2200
S38=Regg. Fanteria Klitzing: 2200
S39=Altri distaccamenti : 1150
S40=Regg. Cavalleria Taube Leib: 600

S41=Regg. Cavalleria Arnim Leib: 200
S42=Milizia a cavallo Loser e Pflugh: 1500
S43=Regg. Cavalleria Sax Altenburg: 1200
S44=Regg. Cavalleria Bindauf: 1200
S45=Regg. Cavalleria Steinau: 500

Totale Forze Svedesi e Sassoni: 26.900 fanti, 1- 3.250 cavalieri e 66 cannoni per complessivi 40.150 uomini.

Il fronte dell'armata imperiale era esteso per circa 4 chilometri disposto da Est ad Ovest e piazzato a Sud delle truppe nemiche. Poco sotto al centro dello schieramento vi era una fitta boscaglia chiamata Linkelwald. Fra l'ala destra ed il centro stava invece una piccola altura chiamata la collina della forca, in cima alla quale si sistemarono tre grossi Tercio di fanteria.
Alle loro spalle la città di Lipsia posta a pochi chilometri, il villaggio di Breitenfeld era posta alla sinistra dello schieramento. Il campo di battaglia era attraversato da una serie di strade disposte a ventaglio. Le truppe protestanti presentavano uno schieramento appena più lungo, con i sassoni che occuparono l'intera ala destra a ridosso della cittadina di Gobscheiwitz. Alle spalle dell'esercito svedese si trovavano le città di Duben a Nord e di Halle a Nord Ovest. Un piccolo torrente attraversava il centro svedese.

▲ *La famosa incisione del Merian dedicata alla battaglia di Breitenfeld.. M.Merian da Theatrum Europaeum (Collezione autore)*

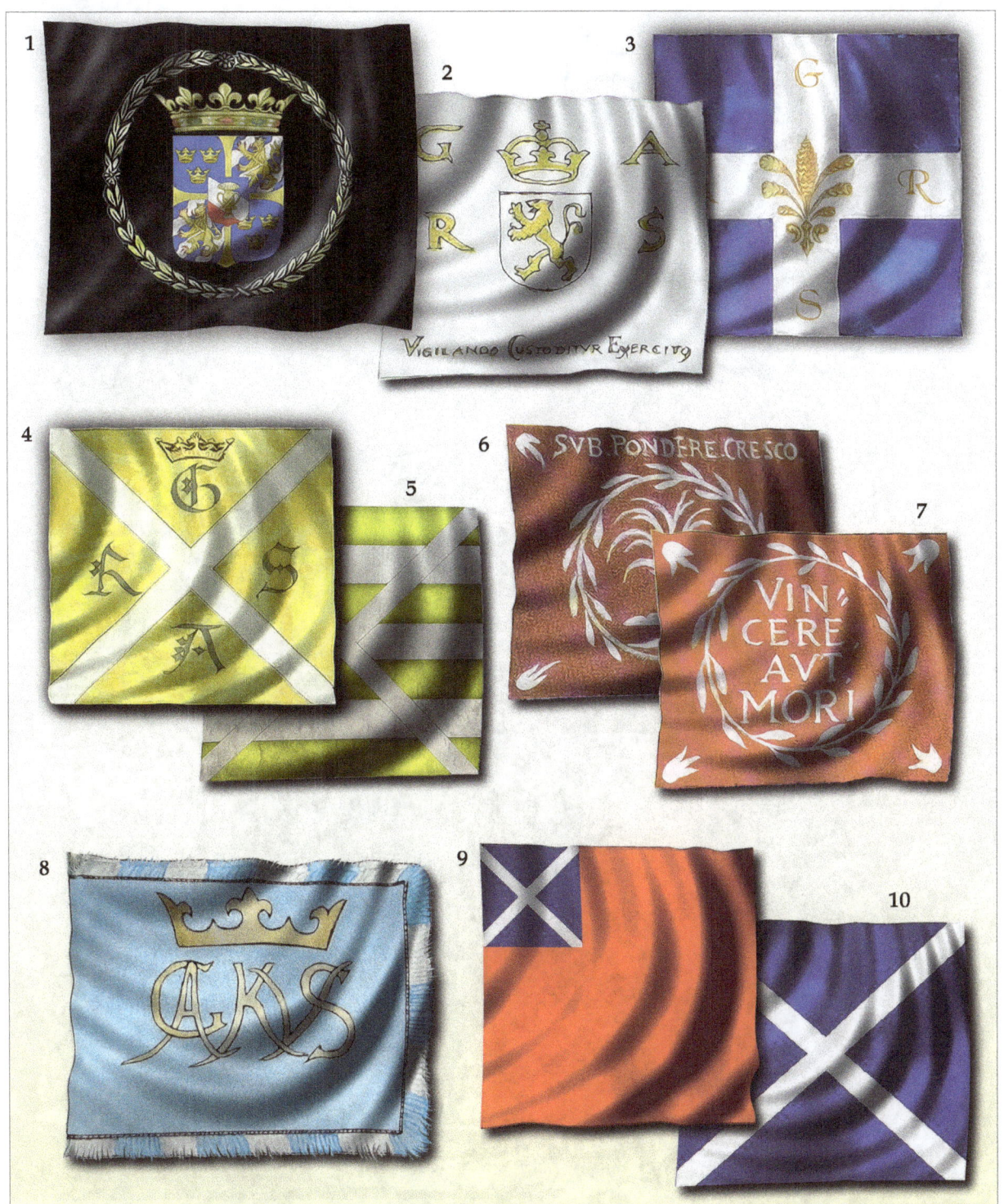

▲ *Bandiere svedesi 1. Lo stendardo appartiene al reggimento King Life Guard company, la guardia del corpo reale. 2. Una delle diverse varianti della bandiera del reggimento Wilhelm Bürt o brigata bianca. 3. Bandiera del reggimento Bleu (vedi anche tavola A4). 4 e 5. Bandiere della brigata gialla in cui appaiono sempre le cifre reali. 6 e 7. Bandiere del reggimento (fanteria) guardia del corpo del generale Johan Banér. 8. Cornetta di cavalleria del reggimento guardia del corpo del generale Johan Banér. 9. Bandiera del reggimento scozzese Henderson al servizio svedese. 10. Bandiera del reggimento scozzese Leslie al servizio svedese. Tavola dell'autore*

43

▲ 1. Moschettieri del reggimento tedesco Christof von Houwald, al servizio svedese. Levato nell'area di Francoforte sul Meno. 2. Bandiera dello stesso reggimento, con le sigle del re di Svezia poste nell'angolo alto a sinistra. Nel mezzo si legge il motto latino contratto: (Rex eris aiutn) Si recte facies, (Sarai re se agirai con rettitudine). Tavola dell'autore

Theatrum Europaeum
Il Giornale del tempo...

In questo numero: Trattato di Barwalde fra Svezia e Francia, Trattato alleanza fra Svezia e Sassonia
Il sacco di Magdeburgo, La campagna di Breitenfeld, Eruzione del Vesuvio.

TRATTATO DI ALLEANZA FRA LODOVICO XIII RE DI FRANCIA E GUSTAVO ADOLFO RE DI SVEZIA.

Bàrwalde, 1631 gennaio Ed.: DU MONT, Corps universel: Sveriges traktater med främmande magter jemte andradit hörande handlingar, Stoccolma 1903.

Noi sottoscritti Gustavo Horn de Malia & Heringa, eques auratus e maresciallo di campo dell'esercito svedese, Giovanni Banner de Mullhammar, eques auratus e generale della fanteria, senatori del regno di Svezia, e Carlo Banner de Huffivenas segretario di Stato e ambasciatore provvisorio presso la corte di Pomerania, commissari del serenissimo e potentissimo principe signore signor Gustavo Adolfo re degli Svedesi, dei Goti e dei Vandali, gran principe della Finlandia, duca di Estonia e Carelia e signore dell'Ingria, signore nostro clementissimo, rendiamo noto e riconosciamo: che, essendo stato inviato dal serenissimo e potentissimo principe e signore signor Luigi XIII, re cristianissimo di Francia e Navarra l'illustrissimo signor Èrcole barone di Charnacaeum, consigliere di Stato e tribuno, per giungere ad un accordo nella guerra svedese-polacca; e accorgendosi [quest'ultimo] - dopo che quella faccenda si era felicemente conclusa - che l'impegno della sua S. R. M. per pensare ad un accordo e per riconquistare la libertà degli amici comuni e dei vicini non era inferiore rispetto alla volontà del suo serenissimo re; e siccome le condizioni, grazie alle quali sembrava che potesse essere riconquistata tale libertà e si potesse cominciare un'alleanza reciproca, comunicate dalla S. R. M. signore nostro (che esamina opportunamente le leggi di tutti questi luoghi prima che siano pubblicate) al serenissimo re di Francia per il tramite del signor ambasciatore, piacquero a lui a tal punto da dare ordini

ARMAND CARDINAL DE RICHELIEV DVC
et pair de France Grand M. Cher et Sur: Intendant de la Nau
zpatien Gonnerneur, et Lieuten:gnal pour le Roy au pais de
bretaigne.

▲ Il Cardinale Armand Jean Duplessis Richelieu (1585-1642) primo ministro di Francia e ideatore dell'alleanza con la Svezia. Incisione di B. Moncornet

e pieni poteri di procuratore al signor ambasciatore per discuterle e concluderle; ed essendo noi i delegati da parte della S. R. M. signore nostro per concordare con lui su tutta questa faccenda; dunque, dopo aver ricevuto e consegnato da ambo le parti le legittime credenziali dei nostri principi con il predetto signor ambasciatore della Francia, per quanto riguarda detta alleanza, a nome della S. R. M. signore nostro, abbiamo stabilito e concluso i seguenti articoli, e così per la loro forza stabiliamo e concludiamo:

1- Che ci sia un'alleanza tra i predetti re serenissimi di Svezia e di Francia per la difesa, rispettivamente, dei loro comuni amici per la sicurezza inoltre del mar Baltico e dell'Oceano per la libertà dei commerci, e per il ristabilimento degli ordines oppressi dell'Impero romano; e che le fortezze e i baluardi che sono stati costruiti nei porti e sui litorali di entrambi i mari, l'Oceano e il Baltico, o nella Rezia, vengano demoliti e siano ridotti in quello stato in cui erano subito prima di questa guerra germanica.

2- E poiché l'animo della parte avversa fino ad oggi era stato contrario ad una giusta riparazione delle ingiurie inferte, e aveva rifiutato le intermediazioni messe in atto finora: per questo il vendicatore a mano armata [sarà] la salvezza dei comuni amici.

3- A quello scopo il re di Svezia, per una guerra di dimensione tanto grande, conduca in Germania e mantenga a sue spese 30.000 fanti e 6.000 cavalieri. Il re di Francia contribuirà ogni anno con 40.000 talleri imperiali; la metà della somma sarà infallibilmente pagata in contanti e consegnata il 15 maggio, l'altra metà il 15 novembre, a Parigi o ad Amsterdam (come sembrerà opportuno ai ministri del re di Svezia).

4- Il reclutamento di soldati e di marinai e l'esportazione di navi e di materiale bellico, nei reciproci territori, sia libera; siano invece negati ai nemici.

5- I trasgressori siano direttamente consegnati al loro signore per essere giudicati.

6- Se a Dio sarà piaciuto di concedere fortunati successi al re di Svezia, [egli], in materia di religione, nei luoghi occupati e sottomessi non agirà diversamente rispetto alle leggi e alle costituzioni dell'Impero; e nei luoghi nei quali si troverà la pratica della religione cattolica romana, [questa] rimanga intatta.

7- Sia ammesso a questa alleanza qualunque altro Stato o principe [lo] avrà voluto, sia in Germania sia al di fuori di essa; e a ciò si faccia attenzione nel modo dovuto: che coloro che saranno stati ammessi non favoriscano la parte avversa, o rechino danno ai predetti re o alla causa comune (né di nascosto né apertamente, a proprio nome o a nome di altri); anzi, piuttosto i singoli concorrano alle spese per questa guerra per quanto le forze avranno permesso a ciascuno, e per quanto richiede la partecipazione; e ci si accordi con

una convenzione particolare.

8- Si conservi l'amicizia, o almeno la neutralità, nei confronti del duca di Baviera e della Lega cattolica nell'Impero romano (se essi avranno fatto altrettanto).

9- Se, per grazia di Dio, si presenterà l'occasione di negoziare, si tratti di comune accordo tra gli alleati, e nessuno degli alleati disponga alcunché o discuta la pace senza l'altro.

10- Questa alleanza durerà cinque anni dalla data, appunto, dei presenti [articoli] fino al 1° marzo (secondo lo stile antico) dell'anno 1636: se non si avrà una pace sicura entro questa scadenza, [l'alleanza] - ancora di comune accordo tra gli alleati - sarà prorogata.

11- Si riconosce infine che si è iniziato a trattare di questa alleanza nell'anno trascorso, affinché comprendesse sei anni e poiché nel frattempo il re di Svezia ha sostenuto molte spese in questa guerra, per questo, per quel primo anno già quasi trascorso, nel giorno stesso della firma del presente trattato vengono consegnati, a nome del re di Francia, 400.000 talleri imperiali, che sono stati ricevuti da noi anche attraverso determinate lettere di cambio, e che non riguarderanno l'ammontare dei rimanenti cinque anni.

In forza e come testimonianza di tutte queste cose, abbiamo confermato la presente [lettera] sigillata con le nostre proprie mani e pure con i nostri sigilli.

Accampamento di Barwalde nella nuova Marca di Brandeburgo, 13 gennaio 1631 (secondo lo stile antico). Gustavo Horn, Giovanni Banner, Carlo Banner (di propria mano).

CONTRO ASSICURAZIONE DATA DA GUSTAVO ADOLFO, RE DI SVEZIA, A GIOVANNI GIORGIO, ELETTORE DI SASSONIA, CON PROMESSA DI AIUTO E DI DIFESA CONTRO I SUOI NEMICI.

Werben, 1631, Ed. DU MONT, Corps universel

Noi Gustavo Adolfo, per grazia di Dio re di Svezia, ecc. principe di Finlandia, duca di Estonia e di Cardia, signore su Ingermannland, ecc, dichiariamo e riconosciamo con la presente, davanti a noi stessi, ai nostri reami e alle nostre terre, di voler soccorrere cristianamente fino alla fine con la nostra potenza militare all'interno del Sacro Romano Impero di nazionalità germanica il signor Johann Georg, duca di Sassonia, di Jülich, Cleve, Berg, gran maresciallo del Sacro Romano Impero e principe elettore, conte territoriale in Turingia, conte della marca di Weißen, conte di Magdeburgo, conte di Marck e di Ravensburg, signore di Ravenstein, ecc, nostro parente per legami famigliari e per religione, nostro amico ed amato zio e cognato, sofferente ed oppresso, contro la violenza e gli attacchi nemici che sono stati preparati contro di lui, anche qualora fossero principi di alto lignaggio.

Egli, da amico e da cognato, ci ha fatto sapere che il generale e duca di Tilly, si sta avvicinando con il suo esercito ai suoi amati domini elettorali e alle sue terre, cosicché di conseguenza, noi, con le nostre truppe, fanti e cavalieri, in data odierna ci impegniamo a portare ogni genere di soccorso e di aiuto ai possedimenti e alle terre del nostro caro parente.

Pertanto, in risposta alla assicurazione scritta del nostro amico e parente, deliberiamo, come già promesso e dichiarato, e lo ripetiamo qui ancora una volta con la nostra parola di re e di cristiano, che noi contro tutti i nostri ed i suoi nemici lo aiuteremo a scacciare, ad allontanare e a combattere chiunque si muovesse contro di lui e contro le sue terre, affinché in nessun modo vengano minacciati il suo principato, il suo stato, il suo lignaggio, i suoi privilegi, i suoi possedimenti ed il suo territorio, bensì [vogliamo che] tutto questo, insieme alle sue terre ed ai suoi sudditi venga mantenuto nel diritto. Tutto ciò che dovesse richiedere da noi la difesa del nostro parente, del lui stato e anche delle sue terre e sudditi noi lo faremo in virtù di questa alleanza cristiana e abbiamo sottoscritto tutto ciò che è in nostro potere di fare, fedelmente e senza timore, in questa lettera di proprio pugno, e consapevolmente lo sigilliamo con il nostro sigillo reale.

Dato nel nostro accampamento reale presso Werben, 1 settembre 1631. Gustavo Adolfo

▲ L'elettore Giovanni Giorgio di Sassonia. Riikmuseum

MAGDEBURGO È PRESO E INCENERITO DAGLI IMPERIALI...

Del conte Gualdo Priorato Galeazzo da: Historia di Ferdinando II imperatore 1672, pag. 369

Obbligato che fu il Tillij ad abbandonare il tentativo contro Torgau, e volger i suoi pensieri à Mersburg verso dove mandò il Conte di Pappenheim con parte dell'esercito. La Piazza subito sé gli s'arrese. Entrarono gli Imperiali nel paese di Misnia il più fertile di tutta la Sassonia. Occuparono Veissènfels, Zeitz, Pegau, Jene, Naumburg, e altre Piazze, oltre l'incendio di alcuni Villaggi.

S'era di già la Città di Magdeburg dichiarata per il Re Suedo a persuasione di Cristiano marchese di Brandeburg allora Amministratore, poco ben affetto alla Casa d'Austria. Quest'era una Piazza di molta considerazione; mentre ella dominava molte leghe di paese. Situata sopra S Elba, forte, popolata, ricca. Il Tillij

▲ *Antica incisione popolare del terribile assedio di Magdeburgo*

per tanto lasciati da parte tutti li travagli dati-gli dalli progressi de gli Suezzesi, s' applicò all'assedio di quella Città con 30 mila Soldati, cingendola d'ogni parte. Egli prese il suo quartiere Generale alla parte di Zoll. Pappenheim sopra le strade di Neustat. Il Duca d'Holstein s' allargava sin presso di Crochen. Il Conte di Mansfelt si teneva da Heidech, sino al forte di Marsch. Con gli approcci furono attaccate da 4. le mura; ma con poco effetto per la bontà delli ripari e per la valorosa resistenza dei Difensori.

Teneva il Tillij qualche intelligenza tra quei habitanti, da quali era avvisato di quanto passava nella Città. Finse di prepararsi alla ritirata per incamminarsi contro lo Suevo. Quest' apparenza confirmata per vera dalli suoi corrispondenti riempì d' allegrezza tutto il Popolo Cosi che più si pensava all'estrinsecare il giubilo con li conviti e con le feste, ch'all' invigilare la sicurezza colle guardie. Il Tillij si valse dell' occasione, e d'ogni parte spinse i suoi ad un Generale assalto la notte precedente il di 20. di Maggio 1631.

La dove erano mal guardate le mura salirono gli Imperiali con tanto coraggio, che penetrarono sopra i parapetti. Rivoltarono l'Artiglierie contro la Città.

E prima che dalla Piazza giungesse il soccorso condotto dal Flachemberg penetrarono dentro, doppo ostinata difesa all'imboccatura d'una strada fatta dagli habbitanti, nella quale fu ammazzato il medesimo Flachemberg. Dalli Aggressori surono tagliati à pezzi

quanti incontrarono. La Città Saccheggiata e incenerita. Tra quelli, che si diportarono con più valore fu il Conte Raimondo Montecuccoli egli con la sua compagnia di fanti entro il primo nella Citta, dove prese le chiavi delle Porte le presentò al Tillij, il quale pubblicamente lodò il suo coraggio, e lo ringraziò. Morirono oltre Flachemberg li Tenenti Colonnelli Laemnies, e Trost diversi Capitani.

Restarono prigioni Amstelrach sargente Generale, il Colonnello Usle Suedo. ilTenente Colonnello Boy.

Il Maggiore Schissman con la cavalleria, che si fece forte avanti la casa del Capitolo nella Piazza del Mercato nuovo....L'Amministratore, ch'alcuni giorni avanti ferito d'una moschettata in una gamba, ancora non era risanato, fu preso nel suo alloggiamento, e condotto con termini poco cortesi nella carozza del Pappenheim a Volmerstat, dove rimproverato dalli duchi di Sassen Louneburg, e d'Holstein, perché avesse intrapreso la difesa di quella città, contro l'armi di Cesare, con parole gravi, e da Principe, sostenne le sue ragioni, e predisse, che per l'innocente sangue sparso da tanta gente, s'avarebbero ricevuto da Dio il meritato castigo...

Perirono più di 25. mille persone con lacrimevole spettacolo. Le case delli corrispondenti degli Imperiali furono le prime ad essere svaligiate. Insomma fu desolata una delle belle Città d'Alemagna; con grandissimo terrore di tutto il paese circonvicino.

SCHEMATICA RELAZIONE DI CAMPO DEGLI AVVENIMENTI FRA 12 E 17 SETTEMBRE, DALLA PARTENZA DI TILLY DA MERSEBURG FINO ALLA BATTAGLIA DI BREITENFELD (LIPSIA) 17 SETTEMBRE 1631.

Ed.: Monumenta bohemica, cit., V, n. 82, da AS Zi-Smrsk, Fondo Piccolomini, Nr. 16602 (copia).

*M*arciava il giorno delli dodici settembre preterito il signore generale Tilly con l'armata di Sua Maestà, et della lega cattolica verso il ducato di Sassonia dalla banda di Mespurgh, città che senza contrasto si rese obediente a Cesare et a hore venti una Alii quatordici del medesimo arrivò sotto Laipsich, et subito con trombetta fece intendere al governatore di detta città che dovesse rendersi.

Dal quale si hebbe risposta che non poteva farlo se prima non ne dava parte al eletore di Sassonia.

Fu replicato con negativa et così si stette tutta la notte. Il giorno delli 15 non prendendosi sopra ciò altra risolutione uscì ordine dal signore generale che ogni colonello prendesse posto. Il che visto dal guvernatore della città fece ritirare dentro la sua gente et nel soborgo attorno che erano bellissimi, fece mettere il foco. Fecesi dalli nostri avanzare il cannone et battere la città et il castello, con replica anco del inimico, et doppo qualche contrasto conoscendo il nemico non si potere tenere si risolse parlamentare et si concluse della matina sequente delli 16 dovessero sortire con arme, bagaglio, bandiere spiegate, tamburi battenti et palle in bocca con obligatione però alii paesani di soministrare al[l]'armata monitioni et viveri.

Rimase però il castello in mano del governatore. Il quale molto bene si difendeva, ma per le minacie fatteli fare dal signore generale, con permissione restarvi esso con 40 soldati in guardia di alcune robbe che del signore eletore con l'assistenza di ottanta delli nostri si rese. Fra questo tempo avanzandosi l'armata inimica con due milia cavalli si mosse mezzo lega lontano da Laipsia a faccia della cesarea, sì che avanzandosi il signore feltmarscial Papanaim con alcune truppe attaccò scaramuccia con qualche danno dell'altra parte. La mattina delli 17 sortirono dal castello li sopradeti nel modo che sopra al numero di 4000 fanti et in questo con quatro milia fanti il nemico comparve al posto dove si sia lasciato vedere il giorno avanti.

Il sudetto signore feltmarsciale Papanaim fece marciare della cavaleria di S. M. et mettendosi a faccia del nemico attacò una piccola scaramucia, sì che engrosandosi l'inimico d'ordine del signore generale si avanzò in bataglia tutta l'armata et mentre così si marciava si scoprì l'armata nemica che parimente in bataglia veniva verso la nostra et nelle venti ore vicendevolmente cominciò giocare il canone che per

▲ *Interno della chiesa Riddarholm a Stoccolma dove furono conservate per molto tempo le bandiere di Breitenfeld*

la quantità che il nemico ne conduceva i nostri sentivano non poco danno. Alle. 21 il corno destro della loro bataglia il quale era di gente di Suetia con tanto impeto attaccò il nostro manco che fu necessitato piegare, et nel medesimo tempo il simile fu fatto dal corno manco, che era di Sassonia, ma con contrario evento perché urtandolo il nostro destro bravamente alla prima selva fuggì, con notabilissimo suo danno, et avanzandosi la nostra gente messe in rotta quella del Electore, di sorte che si slargò più di due leghe. Vedendo fra tanto il re che il corno manco delli imperiali haveva preso la carica e il destro non poco disordinato per la carica data a quelli di canonia con ogni sua forza vuoltossi verso quello et facilmente lo ruppe et messe in necessità di ritirarsi con non poca confusione et svaligiamento del bagaglio.

Sebene la maggior parte delli nostri si ritirò, la nostra gente la sera sotto Laipcih et dal signore Pappanaim la matina seguente remessa essa al meglio che potesse si marciò alla volta di Merespurgh et de lì a Masfelt et a Isleben.

P. S.: li biglieti di Galasso non li ho trovati. Bisogno che V. E. avisi con ogni diligenza Jan de Verta acciò habbia l'occhio; a Furt io vi ho lasciato il mio capitano con 150 huomini acciò quel posto non si perda, ch'importa assai.

L'ERUZIONE DEL VESUVIO DEL 1631

Con più di 4000 vittime, è stata l'evento più violento e distruttivo della storia recente del Vesuvio.

L'eruzione si verificò dopo un periodo di quiescenza durato circa cinque secoli. L'eruzione, preceduta da fenomeni precursori macroscopici quali terremoti e deformazioni del suolo, cominciò alle 7 del mattino del 16 dicembre e durò sole 48 ore.

Quello che segue è il resoconto di uno storico dell'epoca: Gerolamo Brusoni, come appare dal libro Storia d'Italia di Carlo Botta. da Storia d'Italia continuata da quella del Guiccardini sino al 1789. Tomo VI. Carlo Botta 1839 Mentre l'alta Italia sul finire del 1631 era spa-ventata dallo strepito delle armi, dalla penuria dei viveri, dalla pestilenza dell'aere, ecco ad un tratto udirsi dall'ultima parte di lei, come se il cielo le preparasse l'estrema fine, un suono spa-ventevole.

Userò le parole di Gerolamo Brusoni, storico di valore: «Ai sedici di dicembre, nel qual giorno essendo preceduti alcuni piccioli terremoti, fu veduto uscire dalla voragine del Vesuvio un fumo densissimo, che ascendeva tortuosamente al cielo, misto di lampi, di fuoco e con fetor grandissimo; crebbe assai più il giorno seguente, che, spargendosi largamente il fumo e l'incendio, restò coperto il paese circostante e la stessa città di Napoli di oscurissima caligine e di cenere, che, con sommo spavento del popolo, cadeva in terra, accompagnata dalla pioggia.

Ruggiva con insolito e spaventoso fremito il monte, e moltiplicando più sempre il fetore e la densità del fumo, si vedevano quasi da baratro infernale sgorgar da esso flamine e scintille di fuoco spessissimo, accompagnate da tuoni orribili e somiglianti a tiri di artiglieria, che uscivano dalla stessa bocca insieme con gran quantità di cenere e di sassi, che per venti miglia discosto andavano a cadere in terra. Si udivano ancora a momenti i terremoti i quali,, crollando la terra e le fabbriche stesse pareva che minacciassero l'ultimo eccidio alla città; come altresì minacciavano le molte genti che, rifuggendovi, portavano con pianti e strida ai cittadini le infauste novelle della ruina successa nel contado, quasi significando quella che potesse succede-

▲ *L'eruzione del Vesuvio. Incisione colorata da M.Merian. Theatrum Europaeum*

re nella medesima città o per la convulsione de' terremoti che la profondassero, o per qualche sovversione del monte che, cadendole sopra, la ricoprisse. Avendo poscia quella vasta voragine vomitata nello stesso giorno quantità grandissima di acqua da una parte e dall'altra (cosa veramente maravigliosa), grandissima quantità di bitume acceso: questo, scorrendo a basso diviso in più torrenti, distrusse tutte le case e le piante, guastò diverse terre e villaggi di quei contorni, con morte di uomini e di animali, e ogni altra ruina maggiore: e quindi, trascorso sopra le acque del mare, vi andò per molti giorni appresso galleggiando, mentre una parte del mare stesso verso il molo della città restò, per qualche spazio di tempo che durò questo movimento, quasi asciutto, ritirandosi l'acqua inverso la montagna, con lasciar la spiaggia per tratto grandissimo discoperta.

Era miserabile frattanto l'aspetto della città, mentre tutti spaventati quegli abitanti, non si sentiva altro per le strade che pianti e gridi dolorosi e funesti: celebrandosi nel tempo stesso frequenti orazioni da' sacerdoti per tutte le chiese, e facendosi lunghissime processioni da tutti gli ordini del popolo coi segni sacri e con le reliquie de' santi.

Camminavano con le lagrime agli occhi le donne scapigliate e dolenti, e gli uomini, scalzi e vestiti di sacco,

STEFANO DELLA BELLA 1610-1664

Incisore toscano nato a Firenze nel 1610. Il suo primo lavoro risale al 1627, e da allora egli si dedicò esclusivamente all'arte grafica che non abbandonò fino alla morte, avvenuta a Firenze nel 1664. La sua attività fu strettamente legata alla committenza della grande famiglia fiorentina dei Medici ed in particolare fu al servizio di Lorenzo de' Medici, fratello di Cosimo, il quale incoraggiò e sovvenzionò costantemente la sua attività artistica. Fu proprio Lorenzo a caldeggiare il suo soggiorno di studio a Roma tra il 1633 ed il 1639, durante il quale egli poté ammirare e studiare da vicino i luoghi dell'antichità classica, soggetti che trasferirà abbondantemente in numerose sue incisioni. Nel 1639 partì per Parigi al seguito di una ambasciata medicea presso la corte di Luigi XIII ove soggiornò fino al 1650. Appartengono a questi anni numerose ed importanti serie del suo lavoro grafico, comprendenti, oltre ai famosi e bellissimi paesaggi, ritratti, battaglie militari, fregi e studi di grande intensità e notevole riuscita tecnica. Ebbe in Francia un successo immediato, dovuto al favore di illustri personaggi quali i cardinali Richelieu e Mazzarino nonché al fecondo incontro con i grandi editori parigini Langlois

ed Henriet che curarono l'edizione delle sue stampe. Il suo stile, brillante ed accurato, è stato spesso accostato a quello del noto incisore francese Jacques Callot.

si battevano con corde e catene, e facevano altri atti di dolorosissima penitenza. Ad ogni scossa di terra gridavasi da tutti misericordia al cielo, rinnovando ancora le medesime voci all'incontrarsi delle processioni per le strade, e alla comparsa delle imagini e delle reliquie de' santi. Tutti si confessavano da' sacerdoti, e si abbracciavano fra di loro quasi prendendo commiato per l'ultima partenza da questo mondo, così esortati da persone religiose che andavano per le strade predicando la penitenza. Infiniti furono i voti che vi si fecero dagli uomini, e moltissime donne si ritrassero dalla malvagia vita che tenevano, avendo il terror della morte vicina risvegliato anche i più tristi ad opere di pietà e di compunzione. Il terzo giorno, benché continuassero i terremoti, incominciò a cessare il fetore e il fumo, e a poco a poco a diminuirsi l'orrendo profluvio della voragine; il quarto quietossi il mare, e nel quinto rimasero libere le strade, che per molte miglia all'intorno apparivano coperte di cenere, oltre al guasto della campagna, che ridusse molte nobili famiglie e facoltose ad estrema mendicità e miseria. Dicono che fosse così veemente e prodigioso l'empito di quella eruttazione, che non solamente nelle città di Dalmazia arrivasse la cenere e l'oscurazione dell'aria, ma che, portata dai venti, volasse fino all'Arcipelago, come altre volte fece in Africa, in Soria e a Costantinopoli, dove si legge che si celebrasse ogni anno la memoria di così strano accidente. Come parimente sappiamo che nell'incendio succeduto a tempo di Tito Cesare e dal quale fu per la sua curiosità consumato Plinio, restassero distrutte le città Ercolana e Pompea con altre terre circostanti di quella spiaggia ».

▲ 1. *Gustavo Adolfo di Svezia invoca l'aiuto di Dio per il buon esito della battaglia. 2. Alto ufficiale dei corazzieri della Guardia del corpo del re. 3. Bandiera del sovrano svedese, su fondo giallo con le cifre reali nel mezzo. Tavola dell'autore*

CAPITOLO 7

LA FASE SVEDESE (1630-1632)
IL RITORNO DI WALLENSTEIN

LA MARCIA A SUD DI GUSTAVO ADOLFO

Breitenfeld significò la più grande vittoria protestante dallo scoppio del conflitto nel lontano 1618. Ciononostante quasi nessuno stimò in modo esatto tutte le sue complicanze. Chi la sopravalutò e chi al contrario la sminuì. Certamente il suo valore simbolico fu da tutti ugualmente avvertito. Quel giorno pareva iniziare il riscatto dei Luterani, ma in realtà il futuro avrebbe riservato ancora molte sciagure e disfatte al campo anti-imperiale. Queste raggiungeranno il loro culmine dopo la terribile disfatta di Nordlingen. La settimana prima della grande vittoria svedese, una flotta olandese distrusse le navi spagnole al largo della Zelanda. Queste portavano un intero esercito approntato per piegare le province unite e questa disfatta, messa in ombra dalla grande vittoria di Gustavo, fu in realtà un colpo assai peggiore per la causa

▲ *Le conquiste di Gustavo. Tutte le città liberate dagli svedesi. Da Mercurii Galli Bellici Rerum in Gallia ecc. (Collezione autore)*

imperiale. Una Spagna in ginocchio rendeva difficile se non impossibile ogni rivincita. Gustavo Adolfo fu tra quelli che sottovalutò in qualche modo la sua grande vittoria, che certo lo aveva reso felice e sicuro di sé.

Egli, povero di notizie certe, esagerava la forza e le riserve dell'esercito avversario appena sconfitto. Ne stimava il potenziale oltre misura, in più, non potendo prevenire in anticipo il grande successo che ottenne, non aveva predisposto piani adeguati al suo pieno sfruttamento.

Ad esempio è significativo che non avesse nemmeno disponibilità di carte geografiche delle terre che si accingeva ad invadere.

Questo fu uno dei motivi che lo spinsero a scegliere di scendere a Sud-Ovest verso il Reno, anziché avventarsi sul facile boccone rappresentato da Vienna, dove tutti si aspettavano decidesse di andare. Altra valida ragione era quella rappresentata dalla presenza di una "terza forza", composta dalla Baviera o dalla Sassonia o da chi comunque intendeva rappresentare una strategia diversa da quella di una chiara lotta fra protestanti e cattolici. Gustavo Adolfo in breve, non si fidava dell'elettore sassone Giovanni Giorgio.

L'idea di scendere in Austria con le spalle scoperte fra l'imperatore e gli infidi e "forzati" alleati tedeschi non lo allettava affatto.

Egli preferii pertanto spedire lo stesso Giovanni Giorgio in quella direzione, con il compito di riconquistare la Slesia e la Lusazia, già territori ereditari, accentuando in questo modo il conflitto fra l'elettore ed il suo "imperatore".

L'elettore sassone che aveva sempre sperato di usare il re svedese come una formidabile pedina allo scopo di ridurre a maggiore ragione Ferdinando, era in realtà il primo vero sconfitto di Breitenfeld, dove ricordiamo le sue truppe si comportarono in modo assai indegno.

Questo fatto lo obbligò ad accettare integralmente la strategia di Gustavo Adolfo che come detto lo invitò a conquistare i territori a sud della Sassonia. Intanto i laceri resti dell'armata della Lega si ritirarono a sud dividendosi in due tronconi. Tilly verso il Palatinato superiore a Nordlingen, e Pappenheim verso il Weser a contrastare le armate di riserva del re di Svezia.

L'imperatore Ferdinando si era destato dal gaudente sogno che lo aveva visto trionfante vincitore per ben 12 anni. Successi ottenuti soprattutto grazie al suo generalissimo il duca di Friedland, che i suoi disgraziati alleati avevano insistentemente chiesto di allontanare nell'infausta assemblea di Ratisbona. Questo subito esonero tormentava i suoi pensieri, tutti rivolti al tentativo di recuperare il suo condottiero, con il quale fortunosamente non aveva interrotto tutti i rapporti, e che anzi aveva continuamente alimentato con diplomatica benevolenza, nel corso dei quali, per esempio aveva opportunamente chiesto pareri militari sulle operazioni in corso.

Fu proprio nel corso di uno di questi che il Wallenstein propose la promozione dell'energico generale Pappenheim, un comandante brillante ed attivo, il contrario esatto del metodico e macchinoso Tilly, inviso e poco stimato dal generale boemo. Ora era lo stesso Pappenheim che spezzava una lancia in favore del suo estimatore, suggerendo all'imperatore il nome del Wallenstein come quello dell'unico condottiero in grado di porre rimedio alla cattiva situazione nella quale versava la parte cattolica.

Ferdinando II aveva anche in animo di sfruttare le capacità di Wallenstein per staccare l'elettore sassone dall'iniqua alleanza con lo svedese, magari sfruttando le buone relazioni che correvano fra il generalissimo ed Arnim il comandante dell'esercito sassone, già suo sottoposto in passato.

Per far ciò incaricò il suo segretario Furstenberg di cercare un approccio col Wallenstein.

Sennonché l'atteggiamento del duca di Friedland si rivelò alquanto sibillino e machiavellico.

▲ *Albrecht Wallenstein. Collezione dell'autore*

Forte della sua posizione "libera", e sentendosi assai poco obbligato, Wallenstein intendeva esplorare tutte le strade che gli si presentarono. In tale contesto, recenti ricerche archivistiche hanno messo in luce tutto un intreccio di trame iniziate allo scopo di tastare il terreno persino ad accordi col grande avversario svedese.

Questi tentativi di approccio furono portati avanti da ambo le parti, ed investirono personaggi noti come il conte di Thurn, lo sconfitto della montagna bianca; e meno noti come il conte Trzka, cognato del Wallenstein.

Come è noto non se ne fece nulla, e queste vicende finirono in definitiva solo coll'aggravare la posizione di Wallenstein rendendolo personaggio infido fino a provocarne più avanti il famoso assassinio per presunto tradimento.

VERSO IL RENO

Intanto il re di Svezia marciava verso sud, seguendo la Pfaffengasse, (la via dei preti) così detta per via degli innumerevoli vescovadi che attraversava quali: Magonza, Treviri, Colonia, Worms, Strasburgo e altri. Giunse prima ad Erfurt poi a metà ottobre mise sotto assedio la città di Wurzburg che gli aprì le porte il 18 del mese. Negli stessi giorni, ai primi di agosto, gli impauriti rappresentanti imperiali erano occupati nella Convenzione di Francoforte sul Meno, intenti a discutere e a dirimere sull'ormai inattuale editto di Restituzione, quando lo stesso vescovo di Wurzburg con voce ansimante dichiarava la resa della sua città. Questo fatto diede il via ad una fuga generale dei delegati per evitare la cattura da parte degli svedesi.

I fuggiaschi si diressero in tutte le direzioni: in Alsazia, nei cantoni svizzeri e persino nella Lorena francese. Gustavo Adolfo si mosse quindi verso l'importante città imperiale dove finalmente giunse il 27 novembre dopo aver conquistato Hanau e Aschaffenburg.

In queste terre il sovrano svedese strinse nuove alleanze con i duchi di Luneburg e di Württemberg, con la città di Norimberga, coi duchi brandeburghesi di Ansbach e Bayreuth.

Soprattutto egli divenne il paladino delle popolazioni protestanti, per anni vessate e perseguite dalla soldataglia cattolica.

La città di Norimberga si spinse addirittura ad offrirgli la corona imperiale. L'armata scandinava finì con il sentirsi a casa propria nelle fertili campagne del Palatinato; anche troppo, e nonostante le rassicurazioni in tal senso offerte dallo stesso re, più di un principe cominciò a maturare preoccupazioni sempre crescenti che il sacro suolo della Germania finisse in mani straniere.

Gustavo Adolfo intanto proseguì nella sua opera di conquista di terre occupate da guarnigioni spagnole. Caddero Hochst, Friedberg e tentò di

▲ *La cavalleria svedese. A destra Torsten Stalhandske (1594-1644) eroico domandante di cavalleria svedese di origine finnica. Gustavo Adolfo aveva tanta stima in Torsten "mano di ferro" che era solito esclamare nei momenti in cui serviva una buona carica per risolvere la battaglia: "Jag skal sanda minna Finnar" (allora vi spedirò i miei finlandesi)*

prendere Heidelberg rinunciandovi però per la stagione avanzata e per il fatto che la città era ben difesa. Mannheim venne invece conquistata dal suo luogotenente più fido: il giovane duca Bernardo di Sassonia-Weimar.

Tilly nei giorni precedenti aveva operato per ostacolare il più possibile questa espansione a macchia d'olio. Rinforzato dal congiungimento con l'armata di Carlo di Lorena, disponeva ora di un formidabile esercito di 40.000 uomini con una trentina di cannoni. Gustavo Adolfo realizzò che la sua posizione era divenuta precaria e mandò richieste d'aiuto a tutti i suoi generali sparsi per tutta la Germania, ma erano tutti troppo distanti. Fu il peggior momento per gli svedesi che i primi di novembre si trincerarono dentro Ochsenfurt pronti a vendere cara la pelle.

Era una fantastica ultima occasione per Tilly, ma purtroppo per la causa cattolica la sua prudenza ebbe, come sempre il sopravvento, esitò e perse l'occasione. Questa fatto rinfocolò Gustavo e gli ridiede animo che subito usò per riprender il piano di conquiste nella zona dei fiumi Reno e Meno, diventato oramai il principale fronte, mentre il suo luogotenete Horn completava la conquista della Franconia, e i suoi alleati dell'Assia liberavano la Westfalia.

Il Tilly nello stesso tempo, dopo aver conquistato Rothenburg, Windsheim e Ansbach prese in considerazione l'assedio di Norimberga, la più difesa, la più ricca, la più "protestante" e ferma alleata degli svedesi. La sua cattura avrebbe quasi certamente provocato una seconda Magdeburgo, fatto questo che costrinse gli svedesi ad offrire una breve tregua all'assediata città di Magonza e a spostarsi armi e bagagli verso est.

La città imperiale però si seppe difendere da sola, Tilly levò l'assedio, il duca di Lorena torno nelle sue terre col suo esercito, Pappenheim criticò aspramente ma inutilmente questo ingiustificato "disfattismo" e quindi Gustavo Adolfo poté far ritorno verso il Reno all'altezza di Gernsheim e Oppenheim dove ad attenderlo vi era un forte contingente spagnolo deciso a tutto pur di impedire l'attraversamento del fiume in quel punto e salvare Magonza dal completamento dell'assedio. In effetti gli svedesi incontrarono non poche difficoltà in questo guado, che riuscì soltanto dopo che ebbero procurato naviglio sufficiente a trasportare sulla riva opposta delle truppe che formarono una testa di ponte che eroicamente resistette ad assalti di truppe spagnole assai più numerose. Sul luogo della testa di ponte venne poi eretto un alto obelisco con un leone di marmo posto sulla sua sommità a ricordo di questo sanguinoso ed eroico scontro.

Finalmente Poco prima di Natale il re di Svezia si prese il boccone più prelibato: la bella città di Magonza facendone fuggire l'atterrito elettore Anselmo Casimiro uno dei più animosi e fanatici membri della lega cattolica.

Difesa da un buon contingente spagnolo e con le mura di recente rinforzate, la città sul Meno non poté tuttavia impedire la conquista all'esercito svedese. Nella bella città imperiale Gustavo decise anche di sistemare la sua corte reale, dopo che ebbe già pensato ad Erfurt.

La volle ricca e sfarzosa tanto da rivaleggiare con le corti imperiali, e qui ricevette tutti gli ambasciatori e i principi che venivano a sottomettersi alla sua protezione o a cercarne la grazia.

E qui venne anche raggiunto dall'infelice re d'inverno, quel Federico conte Palatino accompagnato da un imponente seguito.

Gustavo Adolfo lo ricevette con tutti gli onori, lo trattò con il rango di un sovrano ma non lo reinsediò nel governo del suo elettorato che pure aveva appena liberato dalla occupazione spagnola, anche se fece capire che il suo fine ultimo, a pace raggiunta, avrebbe certamente compreso la reintegrazione del povero Federico alla corte di Heidelberg. L'aurea Magonza offrì anche un corposo bottino di 80.000 fiorini, più altro denaro versato da ecclesiastici ed ebrei oltre alla enorme libreria dell'elettore che Gustavo pensò di regalare al suo fidato amico cancelliere Oxenstierna, sull'esempio di quanto era già capitato alla famosa biblioteca palatina, che il duca Massimiliano di Baviera aveva a suo tempo donato al papa (e dove tuttora si trova!).

Ma questi nuovi libri non ebbero fortuna, dato che finirono tutti in fondo al mar Baltico a causa del naufragio subìto dal naviglio che li trasportava. La città come detto venne particolarmente curata dal re di Svezia che ne rinforzò le fortificazioni, sistemò i caseggiati distrutti durante l'assedio, e fece edificare una nuova cittadella militare alla confluenza dei due fiumi chiamata Gustav Burg, ma più nota con il nomignolo di Pfaffenraub (prigione dei preti). Qui il suo esercito svernò e si riposò dalla lunga galoppata verso sud, e lo stesso sovrano si concedette una pausa facendosi raggiungere dall'amata consorte Maria Eleonora. Il romantico incontro avvenne ad Hanau il 22 gennaio del 1632 dove la regina appena ebbe occasione di trovarsi faccia a faccia all'augusto e adorato marito, gli si rivolse con le seguenti parole: *"Ed ora voi siete mio prigioniero"*.

IL PROBLEMA BAVARESE

La situazione per Gustavo in quell'inverno del 1631 era davvero idilliaca: solo poche città non erano ancora cadute, fra queste le roccaforti di Philipsburg, Kreuznach ed Heidelberg.

Tutto il resto era sotto il suo controllo. La sua finanza godeva delle ottime entrate che gli avevano procurato le città catturate.

Egli poté pagare tutti i suoi debiti. Le sue trup-

▲ *Il romantico incontro fra Gustavo Adolfo e sua moglie al castello di Hanau Castle nel Gennaio del 1632. Adolph von Menzel, 1847*

pe, ben alloggiate e rifocillate non lamentavano alcuna riserva di cassa. C'era danaro a sufficienza per pianificare la totale vittoria nel 1632.

Gustavo Adolfo pianificò di arruolare un'armata di 250.000 uomini, più del doppio del totale delle armate imperiali nemiche, che prudentemente pensava potessero servirgli per far fronte a Spagna e magari anche alla Francia, o peggio a tutte e due. Al momento però le armate protestanti avevano "solo" 95.000 uomini sotto le armi, fra l'altro sparsi dalla Pomerania al Reno, ed il re svedese pensò bene di fare una necessaria pausa e di lasciare spazio alla diplomazia.

Facendo seguito al trattato di Barwalde, su pressione di Richelieu, vennero ripresi nell'inverno proprio a Magonza i negoziati per una pace con la Lega di Massimiliano di Baviera che godeva della protezione del cardinale francese.

Negoziati che per la verità, ci si avvide subito, avevano ben poche possibilità di successo.

Il nodo era la neutralità della lega e del suo esercito nel proseguo del conflitto contro l'imperatore. Richelieu e un po' meno Massimiliano vi facevano un certo affidamento, mentre più realisticamente Gustavo Adolfo ne aveva individuato subito la sua inattuabilità.

Tutto gli lasciava intendere che fra Massimiliano e l'imperatore non fosse in corso nessuna crisi, ed anzi, a parte la questione dell'ormai lontano licenziamento del Wallenstein richiesto a suo tempo dalla Baviera, non vi fossero gravi motivi di frizione fra i due. Certo la nuova situazione generata dalla pesante vittoria di Breitenfeld aveva in parte rimescolato le carte, ed ora il re svedese chiedeva una pace generale, ed ovviamente a condizioni più che favorevoli, che prevedevano in primo luogo la immediata sconfessione dell'editto di restituzione, una tolleranza completa delle due religioni, un riconoscimento anche territoriale alla sua impresa militare.

La Pomerania parve allora un sufficiente e adeguato premio, a sottolineare che l'opera fin lì svolta da Gustavo Adolfo non era quella di un

▲ *Comandante imperiale in corazza*

mercenario qualsiasi che si poteva liquidare con una cifra più o meno consistente.

Gustavo però non si accontentava, chiedeva il ritorno allo status quo a prima del 1618, coperta dalla garanzia che i gesuiti fossero allontanati o peggio esiliati dall'impero a causa della loro nefanda politica, che il re svedese considerava gravemente perturbante per la pace generale.

Massimiliano che grazie all'aiuto francese si augurava di poter esigere l'immediata restituzione dei suoi territori occupati in cambio della sua neutralità, si dovette ridestare da questo sogno e affrontare la dura realtà.

Anche Richelieu, solitamente più fortunato nelle sue scorribande diplomatiche, segnò il passo, e dopo aver inutilmente tentato il bluff di una rottura unilaterale con la Svezia, giungendo persino a minacciare un conflitto, dovette alla fine accettarne le dure condizioni.

La conseguenza di tutto ciò fu che dopo 15 giorni di tregua, il duca di Baviera dichiarò che non poteva accettare le condizioni poste da Gustavo Adolfo e a motivo di ciò ripresero le ostilità fra i due eserciti. Per la verità il generale svedese Horn le iniziò in anticipo sulla fine della tregua e contro le indicazioni del suo stesso sovrano, con una offensiva in Franconia che gli procurò l'occupazione di Hochstadt in gennaio, e della importante città di Bamberga l'undici di febbraio.

Questo era in parte dovuto e provocato dalla strana dualità degli eserciti cattolici: formalmente in tregua quello di Tilly; in guerra quello imperiale guidato localmente dal generale Aldringer, a sua volta alleato con Tilly! Tilly e Pappenheim non erano in ogni caso rimasti fermi con le mani in mano. Il generalissimo sconfitto a Breitenfeld poteva disporre di un forte esercito con quasi 40.000 uomini, anche se in gran parte composto da inesperte reclute, grazie ai quali assediò l'esercito svedese di Horn a Bamberga.

Gustavo Adolfo riteneva tuttavia sufficientemente forte e ben difesa la città francone, e riteneva che le manovre del Tilly avevano solo lo scopo di mascherare una sua discesa a sud-ovest verso la regione del Reno.

In realtà Bamberga non era così ben difesa, Horn disponeva a malapena di 8.000 uomini e i lavori di trinceramento erano assai deboli.

Tilly quindi investi la città il pomeriggio del nove marzo riuscendo, anche grazie al maggior numero di truppe a sconfiggere pesantemente gli svedesi ed occupare Bamberga. Horn lamentò la perdita di quasi 2.000 uomini fra morti, feriti e prigionieri; oltre a tutto il treno e a 4 cannoni. Insignificanti le perdite dei cattolici a celebrare questa ultima vittoria del maresciallo Tilly.

▲ *L'esercito svedese invade il Palatinato difeso dagli spagnoli. M.Merian da Theatrum Europaeum (Collezione privata)*

LA BATTAGLIA DI RAIN AM LECH

A metà marzo, Gustavo Adolfo si vide costretto a muoversi da Magonza dopo averla opportunamente difesa. Già il 31 marzo entrò trionfalmente in Norimberga accolto con entusiasmo dalla popolazione della città imperiale. Il suo piano prevedeva di ricongiungersi con le truppe di Horn in ritirata, ed insieme di affrontare Tilly e di distruggerlo definitivamente in una battaglia campale.

Gli riuscì di assemblare velocemente un'armata di 25.000 fanti, 15 cavalieri e ben 76 cannoni diretti dal valido Torstensson. Con questi investì e distrusse l'avamposto imperiale di Donauworth dopo che questi offrì tenace resistenza di due giorni al pesante bombardamento.

L'armata poi si irrobustì per l'arrivo delle truppe di Baner e di Guglielmo di Sassonia Weimar, portando gli effettivi a quasi 40.000 soldati.

Il Duca Massimilano coraggiosamente aveva precedentemente approvato un piano che esponeva il suo stato all'invasione nemica, ma preservava il suo esercito. Questi fu invitato quindi a ricongiungersi con quello imperiale appena messo in piedi dal Wallenstein in una zona fra Boemia e Austria. Alla fine però questa audace idea non trovò attuazione, e l'esercito della lega si dispose nella zona del Danubio con l'intenzione di impedire il passaggio agli svedesi. Tilly aveva stabilito un campo fortificato lungo le rive del Lech, il grande emissario del Danubio. Disponeva però di un numero di soldati assai inferiore al suo avversario, poco più di 21.000 uomini con una ventina di cannoni, fra l'altro in parte distaccati nella vicina Augusta. Tilly non si faceva molte illusioni di potere tenere la posizione, ma si augurava di guadagnare tempo nella speranza di essere raggiunto quanto prima dai forti contingenti imperiali in avvicinamento. La posizione ad est del fiume tenuta dai bavaresi era un po' più bassa della riva opposta, il fiume era però carico d'acqua grazie alle pesanti piogge di quella primavera. Tilly dispose quindi i suoi uomini in alcune ridotte fortificate, altri vicini alla riva nascosti fra boschetti e paludi. Infine la cavalleria disposta a formare due ali di supporto.

Il 12 aprile il re di Svezia giunge sul posto ed effettuò personalmente una prima ricognizione allo scopo di individuare i punti deboli dell'avversario e preparare l'attraversamento del fiume. Trovò come punto migliore proprio la posizione di fronte alla cittadina di Rain, quella meglio difesa dal Tilly. Alla sua destra in mezzo al fiume vi era una piccola isoletta che poteva facilmente diventare una prima testa di ponte e consentire un veloce guado del fiume. Durante il consiglio di guerra che si tenne nella notte, molti generali, e fra essi l'Horn, richiamarono Gustavo Adolfo all'enorme rischio di attaccare proprio di fronte al grosso del nemico, quando si poteva agevolmente attraversare indisturbati più a sud.

Il re svedese eccepì, a ragione, che molte truppe del Tilly erano inesperte reclute, e che la velocità massima era la molla necessaria per aver facilmente ragione della difesa avversaria.

La mattina del 13 l'armata svedese si dispose leggermente a nord est rispetto alla linea avversaria di fronte al fiume, dando incarico alle sue truppe del genio di iniziare immediatamente lavori di sbancamento allo scopo di creare tre comodi guadi, il tutto sotto la protezione del suo forte esercito e del fuoco della sua massiccia artiglieria. Questa in effetti incominciò subito ad investire il campo avversario, distante meno di 400 metri, con i suoi micidiali tiri. Tuttavia Tilly si sentiva forte della sua posizione e affrontò con fiducia quello che gli parve un azzardo di Gustavo Adolfo. Dispose la sua artiglieria a contrastare quella del Torstensson in tiri di controbatteria, mentre i pezzi svedesi se la prendevano soprattutto con la fanteria e le ridotte avversarie. Nessuna delle

JOHANN ALDRINGER 1588-1634

Soldato austriaco, nato a Thionville in Lorena. Nel 1618, all'inizio della guerra dei 30 anni si arruola nell'esercito imperiale. Fatto colonnello nel 1622, due anni più tardi ebbe compiti di rappresentanza diplomatica. Si distinse alla battaglia del ponte di Dessau nel 1626 contro il Mansfeld. Aldringer partecipò alla campagna d'Italia e fu presente alla presa di Mantova. Il saccheggio che ne seguì fecero di Aldringer e dell'amico Gallas, degli uomini ricchi. Tornato in Germania nel 1631, operò come comandante dell'artiglieria di Tilly, nello stesso anno fu nobilitato del titolo di Conte. Fu presente alla battaglia di Rain am Lech, dove ricevette diverse ferite. A seguito del decesso del Tilly si ritrovò comandante dell'esercito della Lega di Massimiliano di Baviera e feldmaresciallo dopo la battaglia di Alte Veste dove era il vice di Wallenstein. Dopo la morte di Wallenstein, Aldringer ricevette il comando dell'armata contro gli svedesi sul Danubio. Finì i suoi giorni durante la difesa di Landshut il 22 luglio 1634.

due parti ebbe comunque a soffrire perdite pesanti, tuttavia gli incendi e la distruzione dei boschi circostanti ebbero un effetto devastante sul morale delle giovani reclute. Era ciò che Gustavo si attendeva, distrarre il nemico con un prolungato duello d'artiglieria, che prese tutto il giorno 14, ed intanto occupare la citata isoletta centrale. Tilly aveva per tempo bruciato tutto il naviglio disponibile e si sentiva sicuro su quel lato, ma il previdente re svedese si era portato delle barche dal vicino Danubio per tentare di assemblarne un ponte. L'operazione scattò al mattino del 15, gli svedesi riuscirono ad occupare l'isoletta, quando finalmente scattò l'allarme in casa cattolica, la testa di ponte era già saldamente in mano a tre brigate svedesi. Il vantaggio numerico sul lato est, tuttavia era ancora nettamente in mano al Tilly che attaccò queste avanguardie nemiche

in maniera risoluta nella circostante zona paludosa e a ridosso dello stesso ponte di barche.
La battaglia si accese animosamente e i comandanti cattolici e lo stesso duca, intenti ad incoraggiare le loro fila, corsero enormi rischi sotto il pesante fuoco avversario che giungeva dalla riva opposta in appoggio alla loro testa di ponte.
Approfittando di questi fatti Gustavo Adolfo ordinò il guado del fiume ad altre sue truppe a sud e a nord. I bavaresi respinsero il tentativo a nord, ma a sud la cavalleria nemica al comando di Guglielmo di Sassonia Weimar riuscì nel suo intento, ed ora più di 2.000 esperti veterani erano sulla riva opposta. Questi vennero contrattaccati dalla cavalleria che Tilly aveva mantenuto in riserva, la quale però venne presto sopraffatta dalla superiore potenza della cavalleria svedese, finendo in una disastrosa rotta. Nelle stesse ore il generale

PRÆLIVM AD LICUM COMMISSUM INTER REGEM SVECORUM & COMITEM THILLYVM

▲ *La battaglia di Rain am Lech dove fu ferito a morte il generale cattolico Tilly. M.Merian da Theatrum Europaeum*

Aldringer venne colpito alla testa da una palla di falconetto. Peggio, poco dopo venne colpito al ginocchio da un piccolo proiettile d'artiglieria lo stesso Tilly. Di colpo l'esercito della lega si era trovato senza comandanti, lasciando il solo Massimiliano, che non aveva esperienze militari, a dirigere la sfortunata battaglia.

Al tramonto cessarono i combattimenti. Gustavo era assai soddisfatto dell'esito dello scontro, tuttavia egli era ancora ignaro della sorte capitata ai due generali avversari, ed anche dello scoraggiamento che imperversava nel campo avverso.

Pianificò quindi di completare le operazioni l'indomani. Nel consiglio di guerra notturno che si tenne nel campo cattolico si decise di operare una ritirata, che venne effettuata talmente bene che solo alle prime luci del mattino, le sorprese truppe svedesi videro le trincee vuote davanti ai loro occhi. Persino il re stupito, alla vista della poderosa ridotta abbandonata ebbe a dire: *"Fossi stato io il difensore, mai e poi mai, neanche se una*

palla di cannone m'avesse privato di barba e mento, avrei abbandonato un posto simile !".

Immediatamente venne spedita della cavalleria a cercare di catturare le truppe nemiche ma queste tornarono solo con qualche sparuto soldato. Massimiliano aveva salvato quasi tutti i suoi uomini e tutti i suoi cannoni a dispetto della critica di pusillanime affibbiatagli dal protestante Shiller. Questo scontro era costato 2.000 perdite agli svedesi e meno di 3.000 ai bavaresi.

La ritirata di Massimiliano si indirizzò sulla piazzaforte di Ingolstadt, dove pochi giorni dopo, a seguito delle ferite riportate sul Lech, usciva di scena uno dei principali protagonisti della guerra. Il generalissimo Tilly che agli occhi dei protestanti rappresentava assai più di Wallenstein, l'odiato avversario gesuita. Finiva le sue ore terrene fra le braccia dei suoi inconsolabili soldati, ai quali il morente condottiero lascerà buona parte della sua eredità, ben 60.000 talleri.

Una gloriosa carriera quella del generale che veniva dal Brabante, che sembrava destinata a chiudersi in bellezza, e che venne invece rapidamente offuscata dall'avvento dell'impetuoso leone del nord. La Baviera era ormai alla mercé del re di Svezia. Augusta fu la prima mela a cadere il 24 di aprile. La città imperiale, culla della confessione luterana e sede della famosa pace di metà cinquecento si aprì a Gustavo Adolfo con lo stesso entusiasmo già visto a Norimberga.

Quindi toccò a Ingolstadt la grande piazzaforte sul Danubio che però si prestava ad una robusta difesa. Il suo assedio infatti non durò a lungo.

Voci di movimenti di truppe sempre più numerose capitanate dal redivivo Wallenstein misero in allarme l'armata svedese che decise di allontanarsi da Ingolstadt e di penetrare in Baviera nella speranza di farsi seguire dallo sconfitto esercito della Lega rintanato in Ingolstadt e a Ratisbona. Fu quindi il turno delle città di Mosburg e Landshut, e finalmente a metà maggio cadde la capitale Monaco.

Gustavo Adolfo vi fece il suo ingresso trionfale insieme con un euforico Federico Palatino che ora si augurava di rendere la pariglia al suo odiato cugino che già lo aveva privato dei suoi feudi, averi e titolo elettorale.

Molti chiedevano che l'odiata capitale nemica subisse la sorte della sfortunata Magdeburgo, ma Gustavo Adolfo saggiamente si mostrò comprensivo ed evitò il peggio alla capitale bavarese, contentandosi di trattenere un cospicuo numero d'opere d'arte, libri e un'eccellente collezione di pezzi d'artiglieria trovata ben nascosta sotto il pavimento del palazzo ducale.

La lega era stata schiacciata e l'imperatore vedeva solo nuvole nere guardando verso ovest.

Sembrava non ci fosse più niente che potesse fermare la minacciosa onda svedese e solo il ritorno di Wallenstein poteva in qualche modo riaccendere, almeno cosi ci si augurava a Vienna, le ormai fievoli speranze cattoliche di far tornare indietro le lancette della storia.

▲ *La morte di Tilly fra le braccia dei suoi soldati a seguito delle ferite ricevute a Rain am Lech il 15 marzo 1632*

WALLENSTEIN TORNA AL COMANDO

Torniamo per un momento alla posizione occupata dal principale alleato tedesco del re di Svezia, vale a dire dell'incerto Giovanni Giorgio di Sassonia, che ancora non aveva abbandonata la sua vecchia ed ostinata idea di costituire il terzo polo del conflitto.

Questo atteggiamento, come è facile immaginare creava più problemi al lato svedese che a quello imperiale, che giustamente ci si fiondò in mezzo immediatamente, tentando di farne una leva che scardinasse l'intero "insano" sistema di alleanze che aveva fin lì favorito questa precaria e disastrosa situazione per le bandiere di Ferdinando. L'esercito sassone agli ordini di Arnim, già vecchio luogotenente di Wallenstein vivacchiava nella zona di frontiera fra la Sassonia, la Boemia e la Lusazia. Secondo le disposizioni prese ad Halle subito dopo la grande battaglia di Breitenfeld, questa forza doveva attaccare e mettere sotto pressione gli stati ereditari asburgici, all'epoca difesi dall'unico e fragile esercito rimasto intatto ancora a disposizione dell'imperatore e guidato dal generale Tiefenbach.

Sennonché le armate sassoni dopo Breitenfeld persero molta credibilità, e se pur superiori di numero, non spaventavano più di tanto i soldati imperiali, che prudentemente si ritiravano un giorno, per ripresentarsi il giorno dopo vicino alle frontiere dell'elettore innervosendo non poco l'Arnim. Questi rimase infatti convinto di avere avanti a sé nemici assai più numerosi di quelli realmente presenti. Il risultato fu una operatività inconcludente, magra e scarsa di risultati.

Nella zona erano assai più vivaci gli esuli boemi che appoggiati da Gustavo Adolfo e capitanati dallo sconfitto della Montagna bianca, il conte Thurn, progettavano di formare un'armata che potesse entrare in Boemia, sconfiggere le deboli forze imperiali poste a presidio e ristabilire lo *status quo* agognato a prima del 1618. Il piano

procedeva spedito, e persino Gustavo Adolfo si era detto disponibile a fornire tre dei suoi micidiali reggimenti per favorire l'impresa, quando a rimescolare le carte ci si mise per l'appunto il contingente sassone, che abbandonato il faccia a faccia con gli imperiali in Slesia e Lusazia, di punto in bianco investì la Boemia anticipando e rendendo vano ed inutile il tentativo degli esuli boemi. Questi, e Gustavo, non la presero bene, consci com'erano che i sassoni non avrebbero permesso quella equa restaurazione che una loro invasione avrebbe invece certamente determinato. I motivi di questo cambio repentino di strategia non furono mai chiariti, i pensieri dei più balzarono però subito "all'amicizia" fra Arnim e Wallenstein, considerando quest'ultimo come il fine suggeritore di tale scelta.

Sono noti i numerosi tentativi di approccio che questi due ebbero in quei mesi per giungere in qualche modo ad una pace generale, tanto cara all'elettore Giovanni Giorgio, che sarebbe stata certamente molto compromessa da un ritorno alla sovranità dei boemi sulla loro patria.

L'invasione fu comunque rapida, relativamente semplice e poco ostacolata da parte imperiale.

Ai primi di novembre venne raggiunta la frontiera sull'Elba, si marciò quindi su Kreibitz e su Tetschen e finalmente il 15 Arnim entrò in Praga prendendone pieno possesso, avendo immediatamente cura di preservare il più possibile le proprietà personali del Wallenstein.

Abbiamo già fatto cenno al desiderio imperiale di recuperare il servizio del suo generalissimo, questi tentativi raggiunsero una certa consistenza nell'autunno del 1631. Nello stesso periodo Wallenstein iniziò la sua operosa attività di pressione diplomatica nei confronti dell'Arnim.

Ovviamente la posizione del duca di Friedland divenne più decisa dopo che ebbe maturato la certezza che analoghe proposte di parte svedese si erano alla fine rivelate ampiamente inconsistenti e tese solo a guadagnare tempo, provocando l'ira e lo sdegno del focoso condottiero boemo.

Wallenstein capì subito che l'unica possibilità di successo che aveva nei confronti degli elettori luterani, e di Giovanni Giorgio di Sassonia in particolare, risiedeva nella promessa di sospensione dell'odiato editto di restituzione e della conferma della libertà di religione.

Chiedeva quindi all'imperatore, un'ampia libertà politica e diplomatica, con la possibilità di operare nella massima autonomia e con tutta la discrezionalità che lui avrebbe ritenuto necessaria. Per parte sua l'impegno era di rendere disponibile nel breve un agguerrito ed efficiente esercito di oltre 40.000 uomini.

Le clausole degli accordi detti di Gollersdorf, dal nome della località dove ebbero luogo, fra l'imperatore e Wallenstein furono tante e complesse, sfortunatamente non ne è rimasta traccia sicura in archivi e in documenti ufficiali, e pare che siano misteriosamente spariti.

Si sa che per parte imperiale esse furono condotte dal cancelliere Eggenberg, e che comunque sulla base dei racconti dei testimoni dell'epoca hanno permesso di essere ricostruite, sia pure per grandi linee. Queste si basavano sulla pretesa del Wallenstein di un comando militare assoluto ed indipendente, sottratto alla critica di chicchessia e soprattutto dai "pareri" del confessore di Ferdinando, il gesuita padre Lamormaini.

Licenza di promuovere e scegliere colonnelli, e facoltà di esporre riserve nella scelta di generali di nomina imperiale. A tutto ciò vanno sommati ampi poteri politici, possibilità di condurre trattati di pace nei termini ritenuti più opportuni.

Ovviamente soddisfatti completamente i bisogni personali e le richieste di soldo.

Il 13 aprile, giorno ufficiale del reintegro, Ferdinando gli rimise la cospicua cifra di 400.000 talleri. Venne riconfermato il ducato di Meclemburgo, e qualora, disgraziatamente esso non avesse potuto per qualsiasi ragione, venire liberato, esso sarebbe stato sostituito con uno stato equivalen-

▲ *L'assedio di Wurzburg da parte dell'esercito svedese*

te per importanza e dimensione. Nell'immediato gli venne comunque conferito il principato di Glogau, che gli garantiva l'altra sua richiesta, vale a dire la dignità di principe sovrano germanico.

Ultima curiosità: Wallenstein pretese anche il più nobile e bello dei privilegi dell'imperatore, quello di concedere la grazia. In sostanza un potere eccezionale che parificava la posizione del condottiero con quella del suo sovrano, come mai era capitato a nessun altro nella secolare storia degli imperatori germanici.

Privilegi Talmente elevati che i più non compresero, se non con l'esigenza immediata di risolvere una situazione disperata, che certamente poteva durare fino a che gli interessi di entrambi collimavano nel fine di distruggere il comune nemico: il re di Svezia Gustavo Adolfo.

In mancanza di tali condivisioni queste enormi concessioni avrebbero con ogni probabilità partorito un dissidio insanabile. Nell'immediato comunque l'imperatore Ferdinando II si mostrò commosso fino alle lacrime nell'esprimere la sua gratitudine al generale ritrovato.

Wallenstein lo gratificò subito con il recupero in poche settimane della intera Boemia.

GUSTAVO CONTRO WALLENSTEIN

Il maggio intanto trascorreva con le "ricchezze" di Monaco. Gustavo Adolfo risparmiando gravi orrori alla città, si era assicurato un riscatto enorme di 160.000 talleri, oltre ai 120 cannoni di cui si è detto. Se i maggiorenti di Monaco si erano affrettati ad andare incontro al sovrano svedese per donargli le chiavi della città, lo stesso non si poteva dire dei contadini bavaresi che vessati da questa soldataglia infedele, presto si organizzarono in una feroce guerriglia che non pochi problemi creò agli invasori. Le notizie che informavano sull'allestimento di un nuovo poderoso esercito imperiale preoccupano il re assai meno dei sospetti sulla fedeltà del suo alleato sassone. I cattolici invece si domandavano dove sarebbe caduto il prossimo colpo di maglio: a Ingolstadt o a Passau sulla strada per Vienna?

Ma torniamo a questa fantomatica nuova armata imperiale. Wallenstein con la consueta capacità organizzativa, spese gli ultimi cinque mesi ad approntare questo suo secondo esercito. Nuovo per metà, composto da 130 reggimenti e ben 50.000 soldati. Wallenstein poteva disporre di questa poderosa macchina da guerra senza più alcun laccio o vincolo, poteva fissare le nuove riforme tattiche nel migliore e più opportuno dei modi con relativa calma ed abbondanza di mezzi.

Come detto il suo piano contava di separare i destini sassoni da quelli svedesi grazie a pressioni diplomatiche e militari contemporaneamente, facendo molto affidamento ai suoi particolari rapporti con il generale Arnim comandante dell'armata sassone. Il 25 maggio Wallenstein rioccupò Praga e nelle successive due settimane era di nuovo padrone della Boemia e della Slesia e Lusazia disponendo il suo stato maggiore nella

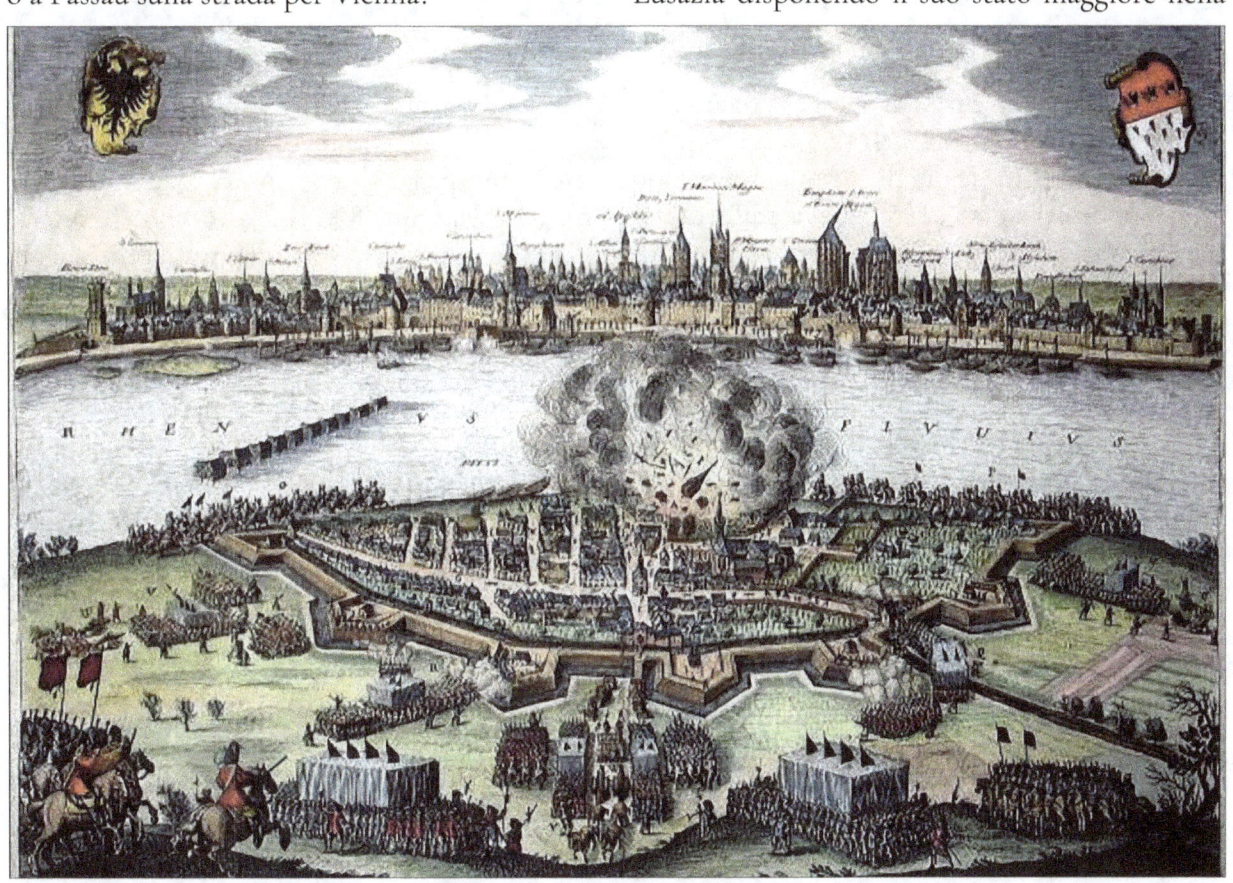

▲ *L'assedio di Colonia da parte dell'esercito svedese nel 1632.. Stampa seicentesca*

sua fidata Eger (Cheb) al confine con la Sassonia. Giovanni Giorgio elettore di Sassonia, sempre più allarmato rivolse disperati messaggi d'aiuto al re svedese, informandolo di trovarsi far due fuochi: Wallenstein a sud e Pappenheim in Westfalia, e che solo la sua rapida venuta avrebbe potuto salvare una situazione che si profilava disperata. Gustavo Adolfo rispose all'appello, predispose gli incarichi ai suoi generali per assicurare le conquiste fatte in Baviera e sul Reno e partì subito per la Sassonia con un esercito di circa 20.000 uomini e più di 50 cannoni.

Nell'avvicinarsi stabilì base a Norimberga organizzandovi un forte campo trincerato.

La sua conoscenza in merito alla dislocazione e alle intenzioni del nemico rimanevano incerte e questo fatto alimentava un po' di preoccupazioni, del resto le ricognizioni e lo spionaggio erano in quegli anni ancora deficitari quando non sconosciuti. Wallenstein era più vicino di quanto si aspettasse, il sette luglio egli apparve all'orizzonte con un poderoso corpo di quasi 45.000 uomini con adeguato supporto d'artiglieria.

Le poderose fortificazioni di Norimberga furono però sufficienti a dissuadere il duca dall'attaccare, anche la considerazione di avere troppe giovani reclute al suo servizio contribuì a questa decisione. Wallenstein quindi si accampò in zona, a Zirndorf poco distante da Norimberga.

Nei successivi 60 giorni fu tutta una guerra di nervi, schermaglie, piccole sortite e guerriglie di poco conto; quelli che ne ebbero a soffrire maggiormente furono ovviamente gli abitanti di Norimberga, i cui movimenti erano impediti.

Il re svedese tuttavia stimava di farsi raggiungere da rinforzi guidati da Bernardo di Sassonia Weimar e con quelli disporre di un'armata più numeroso del suo avversario che gli permettesse di distruggere anche Wallenstein, così come già aveva fatto con Tilly. Il primo ad arrivare fu invece il fido cancelliere Oxenstierna con un gradito regalo per il suo re: ben 30.000 uomini.

Grazie a questi Gustavo Adolfo a fine agosto si sentiva pronto ad affrontare il duca di Friedland. Quello di cui disponeva era il più formidabile esercito che mai avesse comandato in campo aperto: quasi 80 reggimenti per circa 50.000 soldati e ben 180 cannoni. Wallenstein però nel frattempo non era rimasto a guardare, e grazie ai rinforzi portati dal suo subordinato Holk poteva disporre di un'armata solo leggermente inferiore a quella svedese, tuttavia la superiorità svedese in fatto di cavalleria (circa 5.000 uomini in più) convinse Wallenstein all'idea di rimanere al sicuro nel suo campo trincerato.

LO SCONTRO DI ALTE VESTE

Il campo imperiale era disposto su una collina a disegnare un rettangolo di circa 4 chilometri per uno, ben trincerato con buche e cavalli di Frisia, alcune ridotte; un castello e dei torrenti nella zona aiutavano poi a rendere più massiccia la tenuta di quella fortificazioni.

Quel castelletto in cima alla collina si chiamava Alte Veste (anche detto Altenberg), e quello fu il nome che venne affibbiato alla battaglia che li si combatté i primi di settembre. Questi era difeso ad est dal fiume Rednitz, interi boschi furono tagliati per creare le zone di tiro dell'artiglieria, camminamenti e triple trincee.

Anche l'interno era rigorosamente organizzato: baracche di legno per la fanteria e stalle per i cavalli, cucine, polveriere e persino tre forche per i condannati ed anche una ruota per i supplizi dalla quale mesi dopo pendevano ancora le membra di un povero squartato, lasciate a monito dei presenti. Infine un lazzaretto per gli ammalati.

Wallenstein dichiarò che era giunta l'ora che Gustavo Adolfo apprendesse a sue spese la nuova tattica, predisse che il re di Svezia si sarebbe rotto le corna nell'attaccare quel poderoso campo. Era Wallenstein assai più paziente dei tre sovrani, mordevano invece il freno sia il nemico Gustavo che l'alleato Massimiliano. Ed era anche il più sicuro nelle sue tesi: stare sulla difesa diceva avrebbe portato molti frutti all'impero. E ciò accadde puntualmente. Gustavo Adolfo appena ebbe ricevuto i rinforzi che ritenne necessari pianificò l'assalto il 31 agosto. Conquistato il villaggio di Furth (altro nome che verrà affibbiato a questa battaglia) gli svedesi si avvicinarono alla linea difensiva con avanguardie atte a provocare schermaglie di fuoco. In una di queste il generale svedese Baner rimase ferito, privando il re di uno dei suoi più validi ufficiali. Ciononostante a sera gli svedesi avevano posto in batteria ben 72 pezzi di fronte agli avversari. Con questa potenza di fuoco, Gustavo Adolfo pensava di poter zittire i cannoni imperiali e subito dopo procedere con l'assalto delle fanterie. La prima giornata di un caldo settembre inizio con un inusitato duello d'artiglieria. Wallenstein paziente, rimase in attesa nella sua formidabile posizione, egli non ebbe difficoltà ad assestare colpi terribili alle truppe avversarie dalle sue batterie da tempo preparate, ne ebbe nulla da temere sulla quasi totalità del perimetro difensivo. Il re progettò quindi di cambiare piano e tornando nel suo campo trincerato di Furth qualche miglio a nord del campo imperiale, preparò nella notte un assalto da nord mentre l'esercito imperiale dormiva sicuro nel proprio campo. L'esercito ma non Wallenstein, che in evidente stato di grazia, ritenne persino possibile offrire battaglia in campo aperto uscendo dalle trincee con il grosso, lasciando solo Aldringer e truppe sufficienti a confondere il nemico. E il re di Svezia si confuse, pensando che il suo nemico avesse lasciato le posizioni lo fa cercare dalla sua cavalleria che però non lo trova. La mattina del 3 settembre assalì il campo convinto di trovarvi deboli difese, il suo obiettivo fu il borgo fortificato con l'annesso castelletto nominato Alte Veste. Aldringer gli vomitò addosso il finimondo, e dal fianco aperto spuntarono dai rifugi nei boschi e delle marcite i moschettieri di Wallenstein. Il servizio di esplorazione svedese

▲ *La battaglia di Alte Veste del settembre 1632. M.Merian da Theatrum Europaeum*

aveva ancora una volta fatto cilecca, ora Gustavo non aveva grande scelta se non quella di tentare di prendere d'assalto il campo fortificato che gli stava davanti. La battaglia si trasformò in una grande confusione, il duca di Friedland si fece trovare ovunque ad incitare i suoi, gettando molti fiorini d'oro per animare le truppe.

Gli muoiono davanti agli occhi colonnelli prestigiosi: Fugger, Caraffa e Chiesa.

Gli svedesi diretti dai loro comandanti attaccano a più riprese a scaglioni. I migliori reggimenti della corona: i Blu, i bianchi, i gialli e i verdi si dannarono per guadagnare la giornata. Una batteria venne posta a soli 800 metri dal castello, centro nevralgico della difesa imperiale.

Finché una pesante pioggia iniziò a cadere verso sera spegnendo ogni ardimento e rendendo impossibile ogni utile manovra con i cannoni che sprofondano nel fango. Durante la notte lo stato maggiore svedese decise la ritirata e abbandonò l'impresa. La ritirata avvenne in buon ordine e senza essere disturbata. Wallenstein euforico spedì entusiastici messaggi alla corte di Vienna.

La vittoria era sua, ma riservò una lode particolare ad Aldringer il difensore di Alte Veste.

Gli svedesi lamentarono la perdita di 2.500 uomini fra cui il citato Baner ferito seriamente. Il comandante dell'artiglieria Torstensson catturato.

Per contro gli imperiali ebbero circa 800 perdite di cui la metà uccisi. Ma più che le perdite ad uscirne sconfitto fu il morale di tutto il fronte protestante. Al primo appuntamento il generalissimo aveva dato una "lezione" all'imbattibile leone del nord. L'imperatore festeggiò i suoi soldati e Wallenstein distribuì generosi premi in denaro secondo il suo motto: *Poena et Praemium*. 400 fiorini ai colonnelli, trecento ai capitani e dieci a testa ad ogni fante, abolite tutte le punizioni. Wallenstein aveva ridato fiducia agli impauriti soldati imperiali e gettato un po' di polvere sulla linda fama del dramma Breitenfeld.

Il re se la prese soprattutto con i suoi alleati tedeschi che vennero apostrofati in ogni modo.

Si lamentava di comandare non sudditi ma stranieri e cominciava a sentirsi poco sicuro in Germania, in luoghi assai lontani dal suo paese.

La Francia tardava nel pagamento dei sussidi, la Danimarca si stava riarmando allo scopo di meglio definire le sue controversie col vicino scandinavo, persino l'Olanda pareva sul punto di cercare un accordo con gli spagnoli.

L'esercito svedese comunque non andò lontano, si rintanò infatti a Norimberga per potere avere ancora a tiro il formidabile nemico.

I giorni passavano e la situazione dell'esercito si complicava sempre di più; quelle contrade non avevano più di che sfamare tutti quegli uomini, e molti di essi preferirono arruolarsi nell'esercito avversario per garantirsi almeno il vitto.

Si è calcolato che per tutti questi motivi l'armata svedese perse circa un terzo dei suoi effettivi.

Nelle settimane di tregua che trascorsero Gustavo Adolfo risvolverò quindi la vecchia idea di tentare un accordo con il Wallenstein, si servì allo scopo di un illustre prigioniero: il generale di cavalleria imperiale Sparr. Le sue proposte erano formulate in modo da interessare il duca, ma di certo gelavano le aspettative degli Asburgo, e per questo osteggiate dal suo cancelliere Oxenstierna che giudicava inaffidabili i destinatari di tali proposte. Veniva in esse ribadito il concetto di libertà religiosa e tolleranza reciproca, il ritiro dell'editto di Restituzione, ridati di conseguenza tutti i beni a coloro ai quali erano stati tolti, La Pomerania alla Svezia, l'Austria superiore a Massimiliano di Baviera in cambio del Palatinato, La Franconia in luogo del Meclemburgo per lo stesso Wallenstein. Quando Sparr riferì queste ambasciate al suo comandante, trovò un Wallenstein non interessato, certo come era di trovarsi in una straordinaria posizione di forza, con i suoi eserciti che stavano riconquistando buona parte dei territori perduti e che imperversavano in tutta la Sassonia. Gli alleati tedeschi, pensava non sarebbero rimasti a ancora a lungo fedeli al re nordico. Quindi con gelida cortesia fece sapere al suo illustre avversario che egli non aveva alcuna procura per accettare le sue proposte, e che ne avrebbe riferito alla corte di Vienna. Gustavo Adolfo capì, e non avendo più scelte, né di attaccare, né di fare la pace, si ritirò con beffardo orgoglio facendo passare in splendida rivista le sue migliori truppe di fronte al nemico. Wallenstein restituì la cortesia un po' nobiliare e di antica consuetudine di non attaccare ed anzi apprezzare il gesto, facendo così andare su tutte le furie Massimiliano di Baviera che, furente, avrebbe voluto liquidare la partita una volta per tutte e che invece dovette accontentarsi di vedere ordinata alla cavalleria di seguire le tracce dell'armata in ritirata. Finiva così l'amara estate di Norimberga per il re di Svezia, che azzerava tutti i successi precedenti, e che faceva proseguire una guerra che dalla Montagna bianca in poi tardava ancora a trovare una valida soluzione.

DI NUOVO A SUD

Lasciata Norimberga l'armata protestante si portò, un po' a sorpresa verso sud, lasciando così indifesi gli alleati sassoni e del nord. Oxenstierna caldeggiava un ritorno al vecchio piano di occuparsi di Vienna, e portava a valido argomento la ripresa delle sollevazioni contadine in Austria, e le rinnovate sollevazioni degli ungari di Transilvania ad opera di Stefano Rakoczy successore di Bethlen Gabor. Certo la nota intenzione di Wallenstein di portarsi a nord a dar manforte al suo luogotenente Holk per piegare una volta per tutte la Sassonia metteva i brividi riguardo alle sue finalità, ma proprio portandosi a sud con tutta l'armata, re Gustavo pensava di costringere bene o male gli imperiali a seguirlo. Certamente quella era l'intenzione di Massimiliano assai angustiato all'idea di vedere il suo stato di nuovo sottoposto al calpestio di uomini e cavalli luterani. Questi sottopose la sua supplica al Wallenstein ma non ne ricavò alcuna soddisfazione. Decise quindi di tornare in Baviera con i resti dell'esercito della Lega capitanati dal

▲ *Massimiliano duca di Baviera mal sopportò i contrasti che ebbe con il Wallenstein e dopo la vittoria di Alte Veste separò il suo esercito da quello imperiale riportandolo nella sua Baviera*

suo nuovo capitano Aldringer a difendere il suo ducato. Wallenstein contrariato ma deciso, continuò a seguire il suo piano, progettò di unire i tre eserciti della zona: il suo, quello di Holk, al quale nel frattempo era subentrato Mattia Gallas, e quello guidato da Pappenheim sul Weser, e con questi schiacciare e costringere i sassoni ad uscire dall'agone o meglio ancora a passare, armi e bagagli, dalla parte imperiale.

Intanto Gustavo cercava di recuperare le lande dal Reno all'Austria superiore. In sua assenza il generale Horn era stato umiliato dal generale imperiale Montecuccoli che in Svevia aveva riportato diversi successi ed ora si trovava nella zona del Lech dove il Tilly subì la nota sconfitta.

La Baviera fu quindi di nuovo sottoposta ai drammi della guerra fino al lago di Costanza nella speranza di calamitarvi il Wallenstein a prestare aiuto. Ma le notizie che arrivavano dal nord resero solo furioso il re svedese. Wallenstein aveva occupato Forchheim, Bamberga e il sette ottobre anche Coburgo, ottima base per poter passare a

▲ *Slavi, Ungari, e croati rappresentarono l'aspetto "esotico" dei soldati dell'epoca.. Tavola di F.Gerash*

Erfurt, Dresda o Lipsia insomma obiettivi a sua scelta. Il braccio di ferro l'aveva vinto il generale boemo e a metà ottobre l'armata svedese operaò un veloce dietro front che la porterà in 17 giorni a percorrere ben 650 chilometri.

A fine ottobre il re era di nuovo a Norimberga dove non riuscì a resistere al desiderio di rivedere il campo di battaglia di Alte Veste. Il due di novembre si incontra ad Arnstadt con l'esercito di Bernardo di Sassonia Weimar ed anche con il langravio Guglielmo d'Assia. Contemporaneamente un po' per prudenza un po' per presentimento si accomiata dal suo fido cancelliere che spedisce a sud confidandogli tutti i suoi propositi e progetti in merito alla Svezia e al futuro di sua figlia Cristina. Quindi a marce forzate si porto verso il cuore della Sassonia.

Il 5 novembre è ad Erfurt, l'otto a Naumburg. Il Wallenstein che intanto non aveva idee precise su dove fosse e cosa stesse facendo Gustavo Adolfo aveva intanto occupato Lipsia il primo di novembre, subito dopo si era fatto l'idea sbagliata che la campagna era finita e iniziò a smobilitare le truppe il 14 novembre. Si era convinto che gli svedesi si fossero posti a riposo nei loro quartieri invernali commettendo cosi il più tragico degli errori della sua carriera.

Il 15 mattina venne prontamente informato che l'esercito svedese al gran completo si stava avvicinando al suo quartier generale posto nella cittadina di Lutzen poco distante da Lipsia.

Immediatamente mandò ai quattro poli diverse staffette a richiamare tutte le sue unità, a cominciare da quelle guidate dal Pappenheim stanziate ad Halle. Il documento ufficiale di quest'ultimo ordine fu trovato a fine battaglia sul corpo esanime del condottiero bavarese, ed ancora oggi conservato al museo dell'esercito di Vienna con ben visibili le macchie di sangue del Pappenheim.

Il primo contatto avvenne nel villaggio di Rip-

▲ *Wallenstein alla battaglia di Alte Veste nelle cartoline pubblicitarie Liebig di primo Novecento*

OTTAVIO PICCOLOMINI DUCA DI AMALFI 1599-1656

Generale italiano nato a Firenze e discendente da una nobile famiglia senese che diede anche un papa: il famoso Pio II di Pienza. A sedici anni è già picchiere nelle fila spagnole. E' presente anche alla Montagna bianca dove combatte sotto il Bucquoy. Dopo avere lottato in Boemia, Ungheria, Paesi Bassi va in Italia con il Pappenheim. Tornato in Germania nel 1627 servì sotto il Wallenstein dove è posto al comando della guardia del corpo del duca.

Piccolomini si distinse alla battaglia di Lützen e questo lo aiutò nella carriera militare.

Più tardi fece parte della cospirazione che portò alla deposizione e all'assassinio di Wallenstein.

La ricompensa imperiale fu il bastone di maresciallo, una grossa cifra di fiorini ed un feudo. Come comandante imperiale si distinse a Nordlingen, ma pur essendo degno allievo militare del Wallenstein si mostrò meno risolutivo nel concludere il conflitto.

Dopo la bella vittoria sui francesi a Thionville nel 1639 ottiene il titolo di consigliere imperiale ed il titolo di Duca di Amalfi dalla Spagna, ma non l'agognato comando dell'armata imperiale.

Nel 1642 subì una grave sconfitta nella seconda battaglia di Breitenfeld a seguito della quale passò per un certo periodo a servire sotto la Spagna che lo gratificò stavolta con il blasone nobiliare del Toson d'oro. Rientrato al servizio dell'imperatore venne finalmente nominato comandante generale nell'esercito imperiale nel 1648, e con questo glorioso incarico chiuse il conflitto trentennale. Sfruttando le naturali competenze diplomatiche imparate in famiglia, fu anche il principale plenipotenziario imperiale nelle negoziazioni per l'esecuzione della Pace di Westfalia e nel 1650 fu nominato principe di Hagenau. Morirà ricco e potente nel 1656, purtroppo senza eredi dato che il suo unico figlio Silvio Giuseppe fu assassinato dagli svedesi dopo la battaglia di Jankau del 1645.

pach qualche chilometro più ad ovest di Lutzen. L'esercito svedese cozzò contro una retroguardia imperiale guidata dal generale italiano Rodolfo Colloredo che con poche truppe e qualche irregolare croato aveva stabilito una efficace linea di difesa oltre il fiume che portava lo stesso nome della cittadina. Il generale italiano si fa onore e trattiene fin che può un numero sempre crescente di avversari, prima di sganciarsi verso le ore 16.00 e raggiungere il suo comandante a Lutzen. Il fluire in zona e la disposizione dell'armata svedese quindi si portò via tutta la giornata del 15 e durante la notte Wallenstein ne approfittò per rinforzare le sue linee, costruire terrapieni approntare piazzole per le sue batterie.

LA BATTAGLIA DI LUTZEN, LA MORTE DI UN RE

L'alba del 16 vide i due eserciti uno di fronte all'altro, entrambi a ranghi ridotti rispetto al loro potenziale di qualche settimana o mese prima. Poco meno di 19.000 uomini su ambo i lati. La visibilità era discreta con solo una nebbiolina che andava e veniva.

La strada per Lipsia era in mezzo a dividere i due schieramenti. A sud gli imperiali che avevano alla loro destra la cittadina fortificata di Lutzen e poco prima alcuni grossi mulini.

Nella zona attorno alla città un largo stagno con dei boschetti. Wallenstein, al momento ancora privo della cavalleria di Pappenheim disponeva di soli 13/14.000 uomini disposti classicamente: le ali alla cavalleria, la fanteria al centro e davanti i cannoni. Per simulare maggiori truppe "arruolò" a comparse contadini e popolani del luogo cui diede qualche grande bandiera perché da lontano potessero dare l'idea di reggimenti regolari.

Il Pappenheim aveva nel frattempo ricevuto la famosa lettera che diceva: *"Il nemico avanza, lasciate stare tutto e incamminatevi con tutti i soldati e i pezzi d'artiglieria, cosicché domani mattina presto possiate trovarvi presso di noi. Con la presente rimango il servo Vostro. Lutzen, 15 novembre 1632"* sull'usuale postscriptum Wallenstein aggiunse: *"è già al punto dove ieri c'era il percorso difficile"* vale a dire la posizione di Rippach difesa dal Colloredo.

La disposizione imperiale è in qualche modo strana, attendendosi il nemico da ovest avrebbe-

▲ *La preghiera di Gustavo Adolfo prima della battaglia di Lutzen. Stampa ottocentesca*

ro dovuto disporsi perpendicolari vale a dire da nord a sud, ed invece ne assumono una da ovest ad est, in qualche modo parallela all'arrivo dei nemici. Tempo dopo furono trovati documenti che spiegano il motivo di tale scelta e che mostrano schizzi preparati con largo anticipo delle posizioni da tenere. Evidentemente Wallenstein aveva studiato il terreno e scelto uno schieramento ottimale. Purtroppo per lui, aveva come detto, pochi uomini per coprire i 3 chilometri del fronte e già sa che nel corso della mattinata verrà raggiunto dalla sola cavalleria del Pappenheim. Distribuisce però le sue truppe secondo il criterio "svedese" piccole ma agili formazioni; basta con i pesanti tercio. Esperti moschettieri, anche se in numero insufficiente vengono posti nelle case di Lutzen e nelle marcite attorno con il compito di mirare alle pance dei cavalli nemici.

La fanteria al centro è opportunamente difesa dai profondi fossati che delimitano la strada per Lipsia. Le migliori batterie sono poste davanti ai mulini. La parte più debole dello schieramento è l'ala sinistra con la cavalleria croata e polacca. Ma in quel punto ci si aspetta anche la venuta di Pappenheim a controbilanciare il tutto.

Wallenstein in uno sforzo fisico rinuncia alla lettiga cui lo costringe la gotta e monta a cavallo infilando i piedi in staffe foderate che attutiscono il dolore. Sa che deve mostrarsi ai suoi uomini, incoraggiarli, ma come sua abitudine lancia occhiate severe e non tiene discorsi. Non è mai stato un oratore trascinante, nulla a che vedere con re Enrico ad Azincourt.

I soldati di Gustavo sono qualche migliaio più numerosi. Li abbiamo chiamati sempre svedesi ma in realtà sono un coacervo di nazionalità: finlandesi, livoni, norvegesi, tedeschi, scozzesi e francesi e non tutti protestanti. I luterani fra l'altro sono presenti in gran numero anche nelle fila imperiali, il luogotenente Holk ad esempio.

Questa guerra sta perdendo sempre più i connotati di guerra di religione. Il re si dispose quindi in fronte all'avversario con alle spalle il piccolo torrente detto flossgraben, un altro torrente, il Muhlgraben limita la sua ala sinistra. Il suo schieramento ricorda quello di Breitenfeld.

Il sovrano si prende l'ala destra di fronte ad Holk. Bernardo di Sassonia Weimar dirigerà, secondo l'uso svedese, l'ala sinistra, quella posta davanti a Wallenstein. La nebbia dell'alba tarda ad allontanarsi e Gustavo Adolfo ne approfitta per pregare come consuetudine davanti alle truppe, ad invocare l'aiuto divino alla causa protestante.

Parte qualche fucilata ma fino alle ore dieci nessuno si muove. A quell'ora vengono piazzati i cannoni che subito dopo cominciano a vomitare fuoco a volontà e da quel momento in poi la battaglia si trasformò in una confusione in-

▲*La battaglia di Lutzen con l'ala destra svedese. Gustavo Adolfo è il cavaliere davanti alle fanterie. M.Merian da T. Europaeum*

▲ *La preghiera di Gustavo Adolfo prima della battaglia di Lutzen. Quadro del XIX secolo*

descrivibile, che per la verità in molti, dopo si curarono di raccontare. Ma quello che ci hanno lasciato scritto ha confuso ancora di più il lavoro degli storici, tali e tante sono le contraddizioni e le smentite presenti in decine di resoconti più o meno ufficiali. Comunque pare certo che dopo alcuni finti attacchi alla zona tenuta davanti allo stagno e ai mulini, partì una poderosa carica di tutta l'ala destra svedese guidata dal re in persona ad investire la debole posizione di Holk e tagliare fuori così i potenziali rinforzi attesi dagli imperiali. Holk fu obbligato a ripiegare, ma proprio in quel mentre, provvidenziale giunse la carica dei corazzieri del feldmaresciallo Pappenheim.

Fu una carica epica di quasi 3.000 cavalieri che si gettarono sui sorpresi squadroni nemici ricac-ciandoli alle loro posizioni di partenza. Il valo-roso cavaliere bavarese fu però subito "premiato" da una palla di cannone che gli sfondò il fianco, ferendogli gravemente un polmone che finirà per soffocarlo circa un'ora dopo.

Le sue truppe si sbandarono quasi subito, for-tunatamente però il Pappenheim ebbe ancora la forza di gridare ed invitare i suoi al combat-timento prima di cadere di nuovo e spirare poi sulla carrozza che lo portava a Lipsia.

Il generale Piccolomini aveva nel frattempo pre-so la direzione del settore tenendo la posizione, mentre i croati approfittando di un ritorno di fitta nebbia penetrarono nelle retrovie svede-si causando un bel po' di confusione e salvando così l'ala sinistra imperiale. La cittadina di Lutzen intanto bruciava ed il fumo finiva per effetto del vento negli occhi delle truppe di Bernardo di Sassonia Weimar rendendone vani i suo poderosi e insistenti attacchi nel settore. Lo stesso Wallenstein fu visto agitarsi animosamente e con coraggio dimentico della gotta, forse colpito e ferito da qualche fucilata. Al primo pomeriggio pare che la crisi all'ala sinistra imperiale sia definitivamente rientrata, senza che se ne capisca bene il perché, e la pressione si spostò sul centro e di nuovo di fronte a Lutzen. I motivi dello stallo apparente vanno ricercati nella morte del re.

Poco dopo mezzogiorno infatti, in molti vedono il suo cavallo scosso e con una larga ferita al collo. I soldati imperiali ad urlare *"Gustavo è morto"*, gli ufficiali svedesi a non volere credere alla notizia e comunque a non volerla diffondere.

Ma il re svedese, a differenza del suo rivale era un uomo amato e non temuto dai suoi. Appena assunto il comando Bernardo opportunamente intuisce questo fatto, e su di esso fa affidamento nell'incitare gli increduli soldati svedesi, che per vendicare ed onorare il proprio re, rinvigoriscono le loro forze lanciandosi in continui contrattacchi a ben sette furiose cariche operate dal Piccolomini al quale a testimonianza del vigore assunto moriranno ben tre cavalli sotto la sella.

Gli svedesi riescono in tal modo ad arrivare al cadavere di Gustavo Adolfo e riportarlo indietro. Secondo altre fonti le spoglie del re vengono recuperate solo a notte inoltrata.

Lo trovarono seminudo in una zona attorno allo stagno dove avvenne la carica di cavalleria dell'ala destra svedese. La ferita mortale lo aveva colpito fra l'orecchio e la tempia destra, ma aveva anche moltissime altre ferite di moschetto e di punta. Una ferita, considerata particolarmente ignobile e vile fu individuata sulla schiena.

▲ *Gustavo Adolfo viene ferito a morte a Lutzen. Dipinto di Carl Wahlbom (1810-1858)*

L'attacco centrale di Bernardo ottiene il risultato di raggiungere e conquistare le artiglierie avversarie che vengono prontamente girate per far fuoco sui loro antichi proprietari. Ma altre fonti, e fra esse le dichiarazioni di Holk dicono il contrario, e cioè che non un piede di terra venne lasciato al nemico. È certo comunque che alcuni ufficiali imperiali si comportarono da codardi e furono per questo subito dopo processati. Come il colonnello Hofkirchen che spaventato dall'avvicinarsi degli svedesi fuggì dal campo con tutto il suo reggimento di cavalleria, trascinando con se il vicino reggimento di archibugieri capitanati dal colonnello Von Hagen.

Queste e altre defezioni costarono la vittoria completa a quanto ebbe a dire poi il Wallenstein. Verso sera comunque anche gli spossati reggimenti svedesi si fermarono sulle posizioni raggiunte. Con l'arrivo del buio si dimostrò ancora reattivo l'indomito soldato danese Holk, che con il solo occhio rimastogli cercava di radunare quanti più cavalieri gli riusciva per le ultime spente scaramucce presto finite dal buio pesto e freddo della notte. Alle cinque di notte giunsero in ritardo le lente fanterie di Pappenheim al comando del generale Reinach partite da Halle. Circa 3.000 uomini che se fossero giunte solo qualche ora prima avrebbero certo cambiato in senso univoco il destino della battaglia.

Ma Wallenstein decise che poteva bastare ed ordinò la ritirata su Lipsia, decisione che colse di sorpresa molti dei suoi uomini, in special modo i più freschi appena arrivati che si erano offerti di recuperare i cannoni e schiacciare gli svedesi che li tenevano. In verità il duca temeva che i sassoni dell'elettore stessero arrivando in gran numero a rinforzare il nemico. Questo timore insieme alla stanchezza che aveva stremato tutte le sue truppe lo indusse ad allontanarsi dal campo di battaglia offrendo ad alcuni storici il fianco per vedersi così assegnata la sconfitta a tavolino.

Dato questo ferocemente contestato visto che egli poteva vantare la conquista di ben trenta bandiere strappate al nemico contro le cinque o sei perse. Del resto il mattino dopo il Sassonia Weimar constatata l'assenza del nemico, si ritirò mestamente su Naumburg con un esercito il cui stato d'animo possiamo ovviamente immaginare. Le perdite furono di cinque o seimila per parte, pare un po' più numerose le perdite svedesi.

La ritirata si svolse indisturbata, e non poteva essere altrimenti. Gli sfiniti svedesi si attendevano addirittura un attacco da parte imperiale.

Wallenstein si fermò un giorno a Lipsia, dove diramò l'ordine valido per tutto il suo esercito di fare tappa al suo quartiere generale di Eger che raggiunse giorni dopo.

A Vienna intanto fece giungere la notizia della morte del re svedese che per la sua importanza, oscurò quasi completamente i problemi strategici e politici ancora poco chiari definiti dalla grande battaglia. L'euforia regnava a corte e molte missive di vivo ringraziamento raggiunsero l'ancora sconsolato, deluso e frastornato duca di Friedland. Pochi giorni dopo a seguito di un attacco di peste, rimediato qualche settimana prima nella cittadina di Bacharach il 29 novembre si spegneva a Magonza secondo alcuni, presso una povera osteria di Metz secondo altri, anche il trentaseienne Re d'Inverno, quel Federico V del Palatinato per il quale tutto era cominciato.

Prostrato dagli eventi e dalla terribile notizia di quanto accaduto a Lutzen, invecchiato anzitempo ed irriconoscibile persino ai suoi familiari il povero e sfortunato "bel principe" non ebbe nemmeno la soddisfazione di vedersi restaurato al suo legittimo elettorato che sarà infine riconsegnato al suo secondogenito Carlo I° dai trattati di pace di Westfalia solo nel 1648. Viene da riflettere sul fatto che quando la storia del mondo veniva decisa dalle battaglie era comprensibile che la loro descrizione fosse così importante. Nessuno aveva il coraggio di confessare a sé stesso che in realtà altro non

GOTTFRIED HEINRICH GRAF VON PAPPENHEIM (1594-1632)

Vice di Wallenstein e maresciallo di campo dell'Imperatore, nacque alla piccola città di Pappenheim sull'Altmühl, in Baviera. Rampollo di una antica e nobile famiglia, fu istruito ad Altdorf ed a Tübingen, e di conseguenza operò in Europa meridionale e centrale, dominando le varie lingue, e cercando ovunque avventure cavalleresche. Il suo soggiorno in questi paesi lo condusse ad adottare definitivamente la fede cattolica romana. Allo scoppio delle ostilità si pose immediatamente al servizio della causa imperiale sotto le bandiere della Lega cattolica. Divenne rapidamente colonnello di un reggimento di cavalleria, partecipando con coraggio già alla battaglia della Montagna Bianca. Continuò poi le attività militari contro Mansfeld in Germania occidentale.

Nel 1623 arruolò truppe per la campagna d'Italia in aiuto agli spagnoli impegnati in Valtellina. Nel 1626 Massimiliano di Baviera lo richiama in Baviera con il compito di sopprimere la rivolta contadina in Austria Superiore. Pappenheim eseguì efficacemente il suo compito, ed in poche settimane con crudeltà spietata riporta la pace in quelle terre. Dopo questo servì con Tilly contro re Cristiano IV di Danimarca, assediò e prese Wolfenbüttel. Nel 1628 fu insignito del titolo di Graf (conte) dell'impero.

L'assedio di Magdeburgo procurò al Pappenheim, come a Tilly pesanti accuse di gratuita crudeltà. Dal punto di vista militare la condotta di Pappenheim fu efficace e gloriosa; era un tattico abile e dotato di indomito coraggio personale.

Così non fu però alla battaglia di Breitenfeld, la cui sconfitta fu in larga parte dovuta alla sua irruenza ed arroganza nei confronti del nemico. Tuttavia la ritirata degli imperiali dal campo fu da lui condotta con particolare cura e abilità.

Subito dopo svernò e fece campagna vittoriosa nella zona del Weser, che procurò molti fastidi alle truppe svedesi. Quindi il proseguo della

PRÆILLVSTRIS AC GENEROSISSIMVS DOMINVS D. GOTFRIDVS HENR. COM. ET DNS IN PAPPENHEIM EQVES AVR. VELL. S.R. IMP. MARESCH. HERED. SER. ELEC. BAV.

lotta lo fece congiungere con Wallenstein, verso e con il quale aveva stima reciproca. Assistette il generalissimo in Sassonia contro gli svedesi; ma, fu inviato di nuovo verso Colonia e a sud nella zona del Reno. A Lutzen Pappenheim fu richiamato affrettatamente mentre si trovava ad Halle. Giunse giusto in tempo, attorno alle 12.00 per contrastare con successo un attacco sull'ala sinistra dello schieramento.

Paragonato per il coraggio e lo sprezzo del pericolo al principe Rupert, il noto comandante di cavalleria realista nella guerra civile inglese, nonché figlio di Federico Palatino ex re di Boemia. A Lutzen Pappenheim trovò anche la morte, più o meno alla stessa ora in cui fu ucciso anche il re di Svezia. Morì più tardi lo stesso giorno mentre era su una carrozza che lo stava portando a Lipsia. Il suo corpo fu imbalsamato nella fortezza di Pleissenburg.

▲ *Gottfried Heinrich Graf Von Pappenheim. Tavola di F.Gerash*

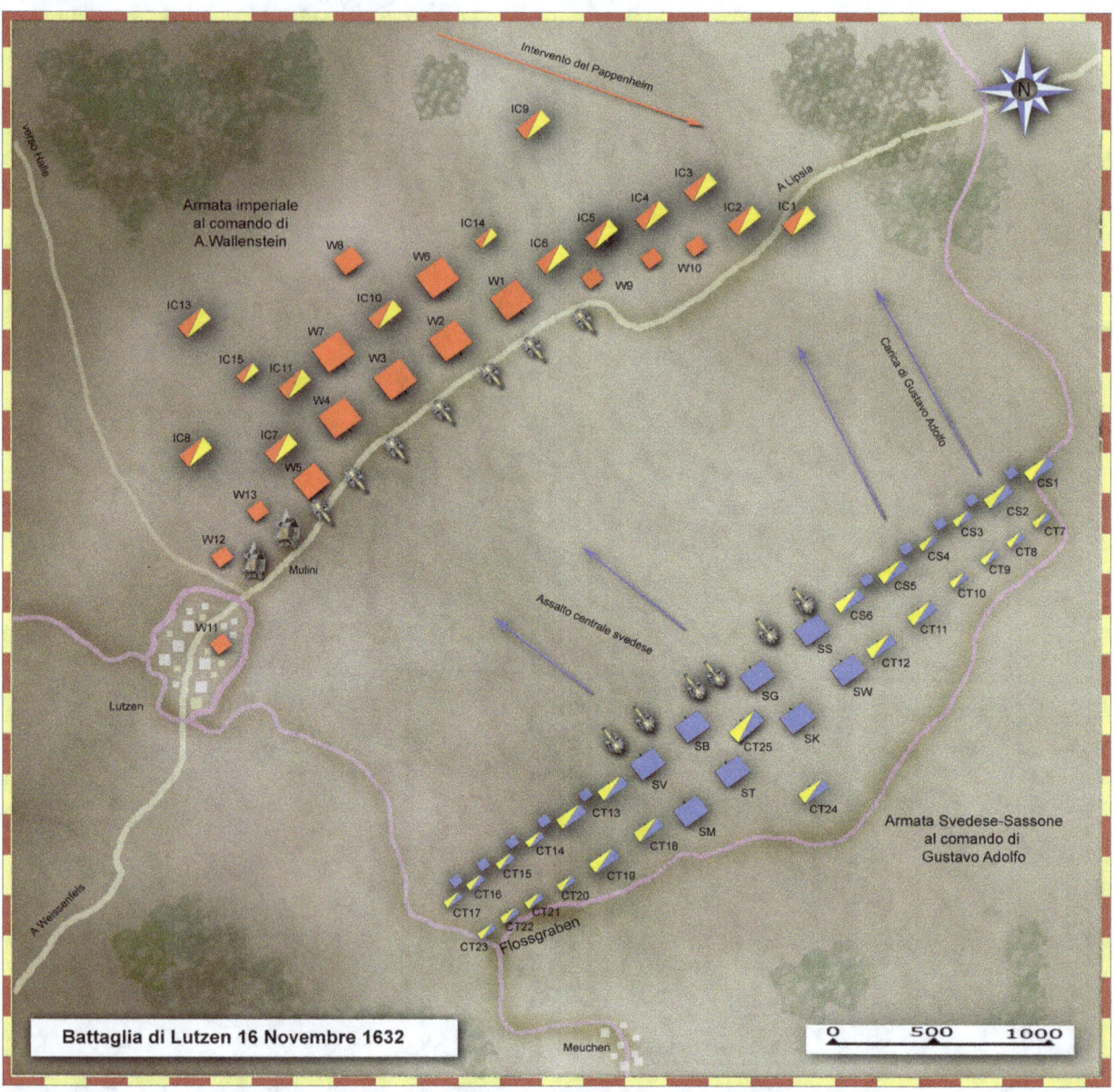

Battaglia di Lutzen 16 Novembre 1632

erano che un indescrivibile confusione, una pazzesca ed incontrollata esplosione di violenza, e che nel caos provocato dal sangue, dalla polvere, da bandiere strappate e da cannonate a mitraglia, nessun comandante, per quanto abile, padroneggiasse gli eventi e gli sviluppi. Ancora meno coscienza avevano i combattenti se non per gli eventi che direttamente li coinvolgevano. I generali un po' ipocritamente definivano questa confusione come *"nebbia della battaglia"*.

Lutzen e prima ancora Breitenfeld (per non parlare della Montagna Bianca) rientrano a pieno titolo in questo tipo di scontri.

Nel caso di Lutzen, ancora oggi non si riesce a capire bene chi abbia vinto e chi abbia perso. Molti storici hanno affidato l'agone alla parte svedese che tenne il campo mentre gli imperiali si ritiravano, ma per numero di perdite e soprattutto per la scomparsa del grande re svedese, altri storici e militari, come Napoleone Bonaparte parlano di vittoria imperiale o quantomeno di pareggio sostanziale.

DISPOSIZIONI INIZIALI ALLA BATTAGLIA DI LUTZEN. 16-11-1632

Truppe dell'esercito Imperiale: al comando del generale Wallenstein cosi disposte:

La Fanteria

W1=Regg. Fanteria Trcka (IMP tedesco): 800

W2=Regg. Fanteria Kehraus (IMP tedesco): 1.200

W3= Regg. Fant. Comargo (Lega tedeschi): 800

W4= Regg. Fanteria Grana (IMP tedesco): 1.000

W5= Regg. Fant. B.Waldstein (IMP tedesco): 1.500

W6= Regg. Fant. Alt Saxe (IMP tedesco): 800

W7=Regg. Fanteria Colloredo (IMP boemi): 700

W8= Regg. Fanteria Baden (IMP tedesco): 500

W9= Regg. Fant. Jung Breuner (IMP tedesco): 1.000

W10= Regg. Fant. Alt Breuner (IMP tedesco): 500

W11= Regg. Fant. Mansfeld (IMP tedesco): 800

W12= Regg. Fanteria Thun (IMP tedesco): 150

W13= Regg. Fanteria Reinach (Lega tedeschi): 150

La Cavalleria

IC1= Regg. Cavalleria Isolano (Croati): 900

IC2= Regg. Cav. Hagen (IMP tedeschi.): 800

IC3= Regg. Corazzieri Holk (IMP tedeschi.): 250

IC4= Regg. Corazzieri Trcka (IMP tedeschi.): 900

IC5= Regg. Cor.Piccolomini (IMP toscani.): 500

IC6= Regg. Corazzieri Gotz (IMP tedeschi.): 400

IC7= Regg. Corazz. Hatzfeld (IMP sassoni.): 600

IC8= Regg. Corazz. Desfurs (IMP tedeschi.): 300

IC9= Regg. Corazzieri Lohe (IMP tedeschi.): 250

IC10= Regg. Cor. Westfalia (IMP tedeschi.): 750

IC11= Regg. Cav. Leittersheim (IMP tedeschi): 500

IC12= Regg. Cav. Loyers (IMP tedeschi): 200

IC13= Regg. Cav. Westrumb (IMP tedeschi): 100

IC14= Regg. Cav. Tontinelli (Lega tedeschi) 200

IC15= Regg. Cav.Goschutz (IMP tedeschi) 250

Truppe del generale Pappenheim arrivate a metà e a fine giornata

P1= Regg. Fanteria Gil de Haas (IMP valloni): 500

P2= Regg. Fanteria Goltz (IMP tedeschi): 500

P3= Regg. Fanteria Pallant (IMP valloni): 500

P4= Regg. Fanteria Moriame (IMP valloni): 500

P5= Regg. Fanteria Reinach (Lega tedeschi): 700

P6= Regg. Corazzieri Bredow (IMP tedeschi): 300

P7= Regg. C. Bonninghausen (IMP tedeschi): 500

P8= Regg. Corazzieri Sparr (IMP tedeschi): 300

P9= Regg. Cavalleria Lamboy (IMP tedeschi): 250

P10= Regg. Cavalleria Merode (IMP valloni): 100

P11= Regg. C. Pappenheim leib (Lega tedeschi): 100

P12= Regg. Croati Batthiani 200

P13= Regg. Croati Forgach 100

P14= Regg. Croati Orossy 450

Totale forze cattolico-imperiali: 9.900 fanti, 6.900 cavalieri. e 38 cannoni per un armata di complessivi 16.800 uomini. Le truppe del Pappenheim ammontavano a 2.700 fanti e 2.300 cavalieri. Il totale generale era di 21.800 uomini

Truppe Svedesi e sassoni: al comando del Re Gustavo Adolfo di Svezia così disposte:

La fanteria su otto brigate

SS1=Regg. Fant. Kyle brigata svedese (svedesi) : 828

SS2=Regg. Fant.Hair brigata svedese (svedesi) : 543

SS3=Regg. Fant. Hastfer bri. svedese (finnici) : 204

SG4=Regg. Fant. Leib brigata gialla (tedeschi) :950

SG5=Regg. Fant. Brahe bri. gialla (tedeschi) : 1126

SB6=Regg. Fant. Winckel brig. blu (tedeschi) : 1110

SV7=Reggimento Fanteria Bernhard brigata verde (Sassonia Weimar) : 748

SV8=Regg. Fant. Leslie brig. verde (scozzesi) : 576

SV9=Regg. Fant. Wildenstein brigata verde: 712

SW10=Regg. Fant. Bose brigata Bose (sassoni): 792

SW11=Regg. Fanteria Wilhelm Leib brigata Bose (Sassonia Weimar) : 496

SW12=Regg. Fant. Pforte brigata Bose (sassoni): 438

SK13=Regg. Fant. brig. Knyphausen (tedeschi): 1120

ST14=Regg. Fant. Thurn brig. nera (tedeschi): 480

ST15=Regg. Fant. Isenburg brig. nera (tedeschi): 270

ST16=Reggimento Fanteria Hesse Leib brigata nera (Assia Kassel) : 502

SM17=Regg. Fanteria brig. Motzlaff (tedeschi): 682

SM18=Reggimento Fanteria Gersdorf brigata Motzlaff (tedeschi) : 522

SM19=Reggimento Fanteria Rosen brigata Motzlaff (tedeschi): 630

Fanteria di riserva o a supporto del campo

S20= Regg. Fanteria Henderson (scozzesi) : 228

S21= Regg. Fanteria Lowenstein (tedeschi) : 684

S22= Regg. Fanteria Brandestein (tedeschi) : 246

S23= Regg. Fanteria Vitzthum (sassoni) : 286

S24= Regg. Fanteria Erbach (tedeschi) : 258

S25= Regg. Fanteria T.Uslar (tedeschi) : 324

La cavalleria

CS1= Regg. Cavalleria Stalhansk (finnici): 500

CS2= Regg. Cavalleria Soop (svedesi): 400

CS3= Regg. Cavalleria Sack (svedesi): 200

CS4= Regg. Cavalleria Silversparre (svedesi): 250

CS5= Regg. Cavalleria Sperreuter (svedesi): 100

CS6= Regg. Cavalleria Stenbock (svedesi): 400

CT7= Reggimento Cavalleria Wilhelm Leib (Sassonia Weimar): 120

CT8= Regg. Cavalleria Goldstein (tedeschi): 150

CT9= Regg. Cavalleria Bulach (tedeschi): 120

CT10= Regg. Cav. Beckermann (tedeschi): 150

CT11= Regg. Cav. Hesse Leib (Assia Kassel): 180

CT12= Regg. Cavalleria T.Uslar (tedeschi): 210

CT13= Reggimento Cavalleria Bernhard (tedeschi Sassonia Weimar): 500

CT14= Regg. Cavalleria Carberg (tedeschi): 220

CS15= Regg. Cav. Domhoff (Baltici Curlandia): 220

CS16= Regg. Cav. Tiesenhausen (Baltici Livonia): 300

▲ *Altra immagine del tempo della grande battaglia di Lutzen, con i ritratti di Gustavo Adolfo e di Bernardo di Weimar*

CT17= Regg. Cavalleria Courville (tedeschi): 300
CT18= Regg. Cav, Hoffkirchen (sassoni): 350
CT19= Regg. Cavalleria Anhalt (sassoni): 300
CT20= Regg. Cav. Lowenstein (tedeschi): 200
CT21= Regg. Cav. Brandenstein (tedeschi): 300
CT22= Regg. Cavalleria Steinbach (tedeschi): 200
CT23= Regg. Cavalleria Stechenitz (tedeschi): 80
CT24= Regg. Cavalleria Ohm (tedeschi): 300
CT25= Regg. Cav. Dalwigk (Assia Kassel):150

Totale Forze Svedesi e Sassoni: 13.900 fanti, 6.200 cavalieri e 60 cannoni in totale 20.100 uomini.

Il fronte dell'armata imperiale era esteso per circa 2,5 chilometri disposto da Nord-Est a Sud-Ovest e piazzato a Nord delle truppe nemiche. Sul loro lato destro vi era la cittadina di Lutzen difesa da alcuni battaglioni di moschettieri. vicino alla città vi erano tre enormi mulini a vento di legno. Davanti allo schieramento la strada per Lipsia trasformata dagli imperiali in una pratica ed efficace trincea. Le truppe del Pappenheim arriveranno sul campo di battaglia in due scaglioni da nord. Prima la cavalleria (in tempo utile a ripristinare un equilibrio numerico fra le due armate nemiche), e verso sera la fanteria a scontro ormai ultimato. Le truppe svedesi e i loro alleati sassoni e tedeschi presentavano uno schieramento più lungo di circa un chilometro. Alle loro spalle scorreva un largo e fondo torrente chiamato Flossgraben (fosso delle zattere).

▲ *Dopo la battaglia. Tela di Sebastian Vrancx (cerchia)*

▲ 1. *Sergente del reggimento giallo svedese. 2. Ufficiale svedese della Brigata gialla. 3. Ufficiale portastendardo imperiale 4. Tamburino e ferito dello stesso reggimento imperiale. 5. Bandiera svedese del reggimento Old Bleu. 6. Bandiera svedese della brigata verde con il motto: Got mit uns (Dio è con noi). Tavola dell'autore*

Theatrum Europaeum
il Giornale del tempo...

*In questo numero: La morte del Tilly. L'intesa di Gollendorf. La battaglia di Lutzen
La morte del re di Svezia. Breve di Urbano ottavo a Ferdinando II*

IL FERIMENTO E LA MORTE DEL TILLY

dalla Historia delle guerre di Ferdinando II di Galeazzo Gualdo Priorato. Tomo 1 del 1653...

Onde conosciuta il Tilly l'importanza dell'affare, e le difficoltà insuperabili: con molta premura attaccò la scaramuccia tra l'acque, che agevolmente di la dall'isola si guazzavano.

Ma finalmente prevalendo lo sforzo degli svedesi, ch'inanimiti dall'arrivo del re, si gittavana a gara sopra il ponte, penetrarono nell'altra ripa, contro l'opposizione inimica. Vi morirono molti soldati del partito cattolico, e il medesimo Tilly colpito d'un tiro di Sagro sopra il ginocchio destro, in fine di tre giorni passò all'altra vita in Ingolstadt. Quivi medesimamente restò il Conte d'Aldringer ferito nella testa e gl'Imperiali dopo lungo, e sanguinoso combattimento furono costretti a ritirarsi. Durò questa pugna sei ore, e tale che molti trovatisi in diverse altre fazioni crudeli, affermarono questa doversi annoverare fra le più orride per la morte, che patirono i soldati. Da questo colpo sinistro, non meno restò turbato l'elettore di Baviera, che confuso per la morte del Tilly, Capitano d'esperimentato valore, e di invecchiata pratica, di ciò ne fosse l'imperatore medesimo, e quei principi, e cavalieri che avevano ben nota la prudenza, e la costanza, l'animo vigile, e l'ingegno scelto di questo soggetto.

Ebbe Giovanni Tilly origine non molt'alta fra Popoli valloni: dai primi anni della sua gioventù con pazienza continuata, proseguendo nel travaglio del privato soldato, e dal proprio Valore portato di mano in mano, da un carico all'altro, finalmente pervenne con molta sua gloria,, con soddisfazione dei suoi principi, e con molto profitto della religione cattolica, al supremo comando degli eserciti della lega, nel qual così saggiamente portessi, che vincitor di molte battaglie cam-

▲Il generale Tilly a cavallo. Stampa coeva

pali, dominatore di molti popoli nel primo ordine de celebri capitani dei nostri secoli, meritatamente può annoverarsi. Era di mezzana dispositura, di complessione robusta, ed una marziale gagliardia, conservando tuttavia nella canizie degli anni, il vigore d'una florida virilità: fu zelante nel servizio dei suoi Principi, e sopramodo difensore della Religione, che ben spesso affermava, ch'arrischirebbe piuttosto la vita, che fuggir l'occasione di ben operare: la devozione nelle sue opere fu ammirabile, atteso che mai si muoveva ad alcuna impresa, che prima umilmente prostrato a terra non avesse supplicato Iddio dell'esito conforme alla sua divina volontà.

INTESA DI GOLLERSDORF

(presunta) intesa in merito alla riassunzione del generalato da parte di Wallenstein. Gollersdorf, 1632, aprile 14. di E.Schebek dalla Rivista Austria-Ungheria nr. 11 del 1891

Contenta, e relative condizioni, in base ai quali il duca di Fridlandia riaccetta e assume nuovamente il generalato affidatogli solennissime e per le passate qualità da Sua maestà l'imperatore romano attraverso diversi membri del supremo consiglio riservato di guerra, in particolare però dal duca di Crumau e Eggenburg.

1- Il duca di Friedland si impegna a essere e rimanere il generalissimo non solo di Sua Maestà l'imperatore romano, bensì anche dell'intera esimia casa d'Austria e della Corona di Spagna.

2- Una volta accettato, generalato deve essere conferito al duca di Friedland in absolutissima forma.

3- Sua Maestà, il re Ferdinando III, non deve trovarsi personalmente presso l'armata, né tantomeno avere il comando di questa, bensì, qualora avvenga che il regno di Boemia venga rioccupato e nuovamente conquistato, Sua Maestà onoratissima il re dovrà risiedere personalmente a Praga, e don Balthasaar di Marradas dovrà attendere con 12.000 uomini alla difesa del regno, fin tanto che non sia stabilita una pace universale nel regno della Nazione tedesca, poiché il duca di Fridlandia ritiene che i boemi debbano avere nel paese un reggente consapevole e il loro re in persona, in modo tale che l'imperatore e il suo generale siano il più possibile al sicuro da ribellioni e tumulti.

4- L'assicurazione imperiale di un territorio ereditario in Austria in optima forma, per Ordinarii recompens.

5- I territori occupati d'ora in avanti, le più alte regalie nell'impero romano come Extraordinarii Recompens.

6- La confisca nell'impero deve avvenire in forma absolutissima, in maniera tale che né la corte suprema imperiale, né la camera di corte imperiale e neppure la corte suprema di Spira possano pretendere un qualche interesse, ovvero pretendere di imporre una qualche decisione, non importa se generaliter o particulariter o comunque pregiudicare in qualche modo la cosa.

7- Il duca di Friedland deve poter disporre in maniera assolutamente libera (Liberrime) e senza limiti di continuità sia in questioni di confisca, sia in questioni di perdono; è infatti già accaduto che ad uno o all'altro sia stato dato un salvacondotto alla corte imperiale e sia stato concesso il perdono, ma questo perdono non ha alcun valore se non è stato prima confermato dal duca di Fridlandia e non può estendersi ad vitam et famam, né ad bona; il perdono reale deve venir richiesto solo ed esclusivamente al duca di Friedland e dal medesimo deve venir conferito, poiché l'imperatore romano sarebbe troppo mite e lascerebbe che chiunque si presenti alla corte imperiale ottenga il perdono, e in altro modo (verrebbero tolti) i mezzi per remunerare i capi e gli ufficiali, nonché per accontentare la soldatesca.

8- Prima o poi verrà fatto un trattato di pace nell'impero, e il duca di Friedland venga inserito nella capitolazione per il suo interesse privato, riguardante tra l'altro il ducato di Mecklenburgo.

9- Gli vengano concesse tutte le spese e i mezzi necessari per la continuazione della guerra.

10- Tutti i tenitori ereditari di Sua Maestà devono essere aperti, in caso di ritirata, a lui e alla sua armata

RESOCONTO DI HOLK SULLA BATTAGLIA DI LUTZEN.

1632, post novembre 17. di Hallwich, Briefe und Akten III. Senza data, senza luogo [16 novembre 1632]

Dopo che il re di Svezia, per mancanza di foraggiamento e di provviste e a causa delle perdite di soldati, in particolare di uomini della cavalleria, aveva dovuto abbandonare gli imperiali alle porte di Norimberga, il duca di Fridlandia marciò verso Maissen per trasferire colà la sedem belli, per congiungersi a Pappenheim e per battersi con colui che sarebbe venuto per i quartieri invernali.

Dopo aver conquistato tutte le città, ad eccezione di Dresda, Torgau e Wittenberg, marciò contro le Stifter (Merseburg e Nauburg), dove mandò Pappenheim con tutta la gente che credeva gli fosse rimasta. Non appena si accorse però che il re di Svezia stava per

▲ *Altra immagine della carica finale di Gustavo Adolfo a Lutzen prima di essere circondato dai corazzieri imperiali*

arrivare, gli andò incontro fino a Weissenfels, dove il duca si trattenne per alcuni giorni, nella speranza che il re sarebbe sceso in campo a suo vantaggio.

Allorché ciò non accadde, fece marciare Pappenheim con 9 reggimenti verso Halle, e intendeva raggiungerlo per essere con il re qualora questi avesse voluto liberare la città dall'assedio. Ma essendo il duca continuamente tormentato dalla podagra, rimase fermo nei pressi di Lutzen, in un passo, chiamato Rippack, nonostante il parere contrario di alcuni; da qui inviò 4 reggimenti guidati da Hatzfeld (via) Eilenburg in direzione di Torgau e 2 reggimenti ad Altenburg, per impedire che qualcuno potesse rendere insicuro il passo per Zvichens-Chemin tra la Boemia e il luogo in cui egli si trovava. Così si rimase privati di 15 reggimenti, alcuni dei quali erano fra i più forti dell'armata.

Il re prestò attenzione a tale evenienza; e se il passo Rippack, che era stato predisposto per tempo, non lo avesse trattenuto a lungo, la prima sera, che fu un lunedì, il 5/15 ottobre, egli avrebbe avuto un grande effetto. Tutto venne ordinato in tal senso tra capo e collo, e poiché il duca era deciso a morire piuttosto che cedere anche solo di un passo, si mandò a chiamare Pappenheim, il quale si trovava a quattro miglia di distanza. Dopo tre colpi di allarme ed una feroce scaramuccia, in cui i croati persero un alfiere e subirono altri danni considerevoli, le armate passarono la notte sul campo, distanti circa quattro colpi di cannone l'una dall'altra. Durante la notte le nostre truppe si disposero en rare compagnie a lume di fiaccola — tanto buia era la notte.

A destra avevano il paese di Lutzen, il che era a loro vantaggio, mentre invece davanti a loro si trovava un sentiero affossato, riparato in alcuni punti, ma che poteva essere di vantaggio sia al nemico sia alla nostra fanteria, qualora vi fosse stato uno scontro pique à pique. Il re aveva invece sul lato destro a suo vantaggio un piccolo bosco ed una piccola collina, che distava un sol colpo di moschetto dalle truppe.

L'armata del re era composta da 10 brigate a piedi

con 1000-1500 uomini e oltre 6000 cavalli, alcuni dei quali, assieme a 30 alfieri, erano svedesi e stranieri.

Egli guidò di persona l'ala destra, mentre il duca Bernhard era a capo dell'ala sinistra. Il battaglione del duca era triplo: 5000 uomini a piedi in 5 brigate, in mezzo 2 brigate da 1000 uomini e 6 compagnie di cavalieri, mescolate a 2 a 2; infine c'erano 5 bandiere da 500 uomini appiedati e 2 squadroni di 12 compagnie di uomini comandati a cavallo.

A Lutzen, nel castello e nel paese c'erano 400 uomini, anche se ce ne sarebbero voluti 1000; altrettanti avrebbero dovuto trovarsi a far bene nel bosco di sinistra, se ci fossero stati.

In ognuna delle due ali 150 moschettieri stavano dinnanzi alla cavalleria, nell'ala destra vi erano 36 alfieri e in quella di sinistra altri 36. Questi furono aiutati subito da 5 alfieri dell'ala destra, perché tutta la furia ebbe inizio proprio qui. Il duca comandava di persona l'ala destra e la guidò contro Weimar; Holcke, che comandava al posto di un feldmaresciallo, guidò l'ala sinistra. Gli imperiali, furono attaccati sia a cavallo, sia a piedi à pied ferme.

Alle undici fu sparata la prima salva. Alle dodici arrivò Pappenheim a sinistra con i suoi quattro reggimenti a cavallo. Ma ancor prima che fosse riuscito a crearsi una posizione sicura fu ferito lui stesso e la sua cavalleria si mise in fuga verso destra, e altrettanto fecero altri alfieri, fino a due miglia da Halle.

Così il re assalì Holck e rimase sul campo di battaglia in mezzo ai nostri; su questo lato l'intero battaglione era vinto, quando si scorse il suo corpo a terra.

Ma gli uomini di Pappenheim riuscirono a creare scompiglio nella nostra ala destra, finché in suo aiuto intervenne per ben due volte l'ala sinistra al grido di "vittoria"; allora finalmente ci si fermò, dopo che per durata otto ore continue si era combattuto sino a notte inoltrata. Un'ora più tardi nella notte, dopo che tutt'intorno era ritornata la calma, non essendoci più cavalli, giunse la fanteria di Pappenheim a portar via tutta l'artiglieria, a parte quella di Pappenheim e qualche altro piccolo pezzo; visto che il duca e tutti gli alti ufficiali erano feriti, si ritenne fosse meglio mettersi in marcia abbandonando i pezzi d'artiglieria per unirsi al Gallas, prima che i sassoni si unissero

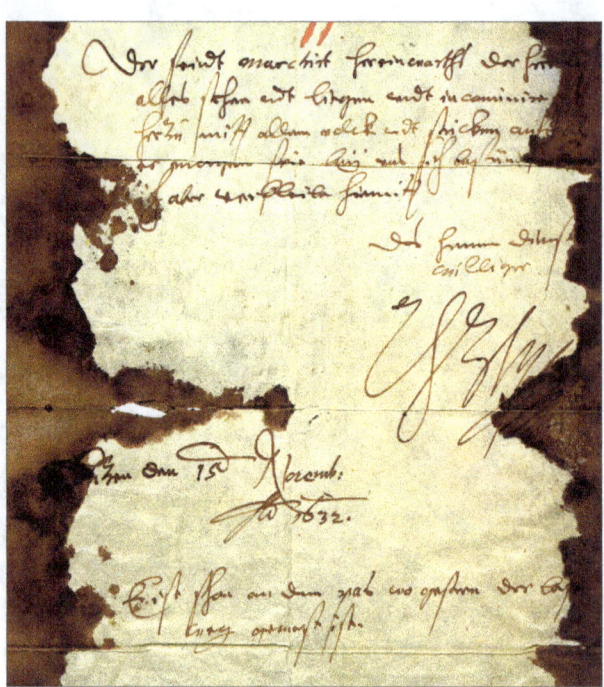

▲ La famosa lettera insanguinata con la richiesta d'aiuto spedita dal Wallenstein e successivamente ritrovata sul corpo senza vita del generale Pappenheim

agli svedesi, mettendo così in pericolo, per un fatto di onore del tutto particolare, la salute generale dell'imperatore. Nella notte il duca si mise quindi in marcia alla volta di Lipsia.

La cavalleria rimase fino a mezzogiorno circa e i croati rimasero sul campo di battaglia anche il giorno dopo e quello ancora successivo ed abbatterono alcuni pezzi d'artiglieria dei nemici, oltre a cinque pezzi che quelli avevano lasciato lì perché, tranne pochi reggimenti tedeschi e svedesi, gli altri erano scappati verso Norimberga. Gli imperiali non persero nemmeno una bandiera a piedi, ma soltanto 8 alfieri e ne ottennero parecchi dal nemico e sessanta bandiere ed alfieri.

A Lipsia si rimase per un giorno, a Bennedich due e a Chemnon tre, a Frauenstein due giorni, dopo di che marciammo verso la Boemia e la Slesia ai quartieri invernali. In questa battaglia caddero sul fronte degli imperiali gli ufficiali feldmaresciallo duca von Pappenheim, il generale comandante supremo dell'artiglieria Breuner, il colonnello Valentin Comingo, Loe, Wettenim (etc.); circa 3000 soldati semplici perirono sul campo. Degli uomini del re ne rimasero, per loro stessa confessione, più di 5000. Entrambe le parti erano talmente provate dal gioco della guerra ed incerte della vittoria, che nessuna delle due inseguì l'altra con un solo sparo, finché la mattina non si videro abbandonate. Il duca si comportò da uomo di grande coraggio e arguzia; per due ore intere infatti combatté contro la fanteria con quattro reggimenti a cavallo, cioè: Holck, Terschy, Piccollomini e de Fours, ed era completamente circondato allorché Holck portò indietro la cavalleria e intervenne in suo aiuto.

Il duca e tutti gli alti ufficiali erano feriti, (...) Così si svolsero i fatti. E se Pappenheim, S. E., fosse stato puntuale nella marcia da Halle, il re avrebbe fatto una cosa cattiva. Tra gli imperiali, oltre ai croati, scapparono subito 3000 cavalli e furono saccheggiate le salmerie. Tutti i feriti ricevettero la paga di due mensilità, gli altri una, gli ufficiali lettere di ringraziamento e collane d'oro, altri ottennero promozioni e alcuni cavalieri semplici e moschettieri furono insigniti di un titolo nobiliare; i regali ammontarono, a seconda del grado del beneficiario, a 400, 600 e 1000 fiorini. Per contro, a Praga si trovano circa 22 ufficiali di ogni arma, i quali dovranno essere giudicati e giustiziati per il loro cattivo comportamento e per la loro fuga indegna.

IL FERIMENTO E LA MORTE DEL RE DI SVEZIA.

Dalla Historia di Ferdinando III Imperatore di Galeazzo Gualdo Priorato. libro Ottavo pag. 411 del 1672

Egli nel correr da una parte all'altra per dar gli ordini opportuni, talmente si riscaldò, che non potendo più a lungo sopportar il peso della corazza se la spogliò, e avvisato da un paggio, che Steinbock tuttavia non avanzava, si spinse di galoppo a quella parte. Lo rimproverò con brusche parole, e egli stesso condusse quel reggimento alla carica. Attaccatisi in questa guisa la zuffa, tra una foltissima nebbia caduta in quel giorno di 16 novembre con variatione di tempo hor sereno hor nubiloso, il Re secondo il solito spingendosi fra le moschettate, fu colto nel braccio si-

▲ *Il primo funerale di Gustavo Adolfo si tenne a Weissenfels vicino a Lutzen. Tela ottocentesca*

▲ IL cadavere del re viene raccolto dai suoi uomini sul campo di battaglia. Tela di Karl Whalbom

nistro da una palla che passandoglielo andò a fermarsi nel fianco. Allora sentendosi ferito disse al Duca Francesco Alberto di Sassen Lauemburg "mio cugino son ferito a morte".

Il Duca lo aiutò al meglio che puotè, con alcuni altri pochi, che vi s'abbatterono, ma mentre procuravano di ritirarlo dalla mischia, colto da un'altra palla nelle reni cascò da cavallo morto. Avanzato il reggimento del Piccolomini, alcuni soldati conobbero esser il Re, lo spogliarono del coletto, calzoni, cappello, stivali, e speroni, lasciandogli tre camicie, che aveva indosso, per esser tutte piene di sangue.

Quei ch'erano seco si salvarono, lasciandolo sul campo trà gl'altri cadaveri. Ne fu portata la nuova da un paggio al Veinmar. Questo tacque, ne volle pubblicarla se non tre hore doppo...

BREVE DI PAPA URBANO VIII ALL'IMPERATORE FERDINANDO II.

Roma, 1632, dicembre 14 Da Historisches jahrbuch nr. 16 del 1895.

Al carissimo figlio nostro in Cristo Ferdinando, re illustre di Ungheria e Boemia, imperatore eletto dei Romani. Urbano VIII papa. Carissimo, ecc. Ciò che a lungo è stato il primo dei nostri desideri, e ciò che con forza abbiamo continuamente chiesto a Dio nella preghiera, ci rallegriamo vivamente che sia stato ora da Lui concesso alla Tua Maestà. Inoltre, ringraziamo in eterno il Signore delle vendette, poiché ha punito i superbi ed ha rimosso il crudele nemico dalle spalle dei cattolici; in verità, la Germania - molte province della quale, quasi ridotte alla devastazione dalle truppe nemiche, piangeranno a lungo i loro morti, il saccheggio delle città e la rovina delle campagne - sa ciò che è stato ricevuto dalla sua grande clemenza; lo sappiamo anche noi, il cui animo guardava sempre con straordinario dolore l'afflizione e le disgrazie dei figli; lo sa tutto il mondo cristiano, che non senza grande spavento aveva avuto notizia di un re, nemico del nome cattolico, arrogante per le potenti schiere di soldati e per le vittorie, che dai più lontani territori del mar Baltico fino alla Baviera (fines Vindelici) con grande rapidità aveva messo a ferro e fuoco e saccheggiato tutto quanto aveva sottomesso. Questo è stato il motivo per cui noi, non appena ci è stato portato l'atteso annuncio di questa vittoria, nella chiesa (templum) di S. Maria abbiamo con grande gioia celebrato un rito (di ringraziamento) per la forza terribile della nazione tedesca e a Colui che - terribile con i re della terra - abbassa l'orgoglio dei principi; e a Lui, insieme con i diletti nostri figli cardinali di Santa Romana Chiesa e con il popolo romano (una gran folla del quale si è riunita per questo), dopo aver prima ringraziato per il grande beneficio, abbiamo chiesto con profonde preghiere che rendesse fortunati i tuoi valorosi tentativi sostenuti per la difesa della Chiesa cattolica.

Ma tu, o figlio carissimo, incoraggia coloro che la situazione ti concede, e prosegui con le giuste armi quanto rimane dell'empia guerra.

Il Dio degli eserciti infatti, armato di potenza, combatterà contro i nemici della Chiesa, e di fronte al Suo sguardo verrà la morte. Noi certamente Lo pregheremo senza sosta perché, grazie alle tue numerose vittorie, a poco a poco rafforzi il cristianesimo (res christiana).

Con grande affetto concediamo alla tua maestà la santa benedizione apostolica.

CAPITOLO 8

LA FASE SVEDESE (1630-1635)
LA GUERRA DI OXENSTIERNA E LA PACE DI PRAGA

Il funerale di Gustavo Adolfo dopo la battaglia di Lutzen fu così organizzato: il cadavere del re fu dapprima portato a Weissenfels dove venne effettuato un primo servizio funebre, successivamente venne traslato in Svezia dove ancora oggi riposa. Date le comunicazioni dell'epoca, la notizia della morte del re impiegò diverse settimane a fare il giro dell'Europa. Lo stesso Wallenstein non vi credette completamente fino al 30 di novembre. La regina di Svezia ebbe notizia della morte del congiunto durante il viaggio di ritorno verso il paese Baltico. Si ricorda allora il pesante strazio manifestato dalla moglie di Gustavo Adolfo. Infine il cancelliere Oxenstierna, molto legato al re da sentimenti di vera amicizia, apprese del doloroso evento il 21 novembre e venne come è facile immaginare sopraffatto dal dolore. Papa Urbano VIII in qualità di capo del mondo cattolico doveva apparire come il più felice e rincuorato alla notizia di questo luttuoso avvenimento, ed infatti inviò lettere di felicitazioni all'imperatore Ferdinando II, al Wallenstein e ai principali principi della fazione cattolica. Insieme fece però dire una messa funebre in

▲ *Il viaggio funebre di Gustavo Adolfo per la Svezia. Tela ottocentesca*

onore dello sfortunato re di Svezia. Papa Barberini infatti non dimenticava di essere, neanche tanto velatamente uno dei principali elementi anti-asburgici. Intanto dopo un primo periodo di costernazione e smarrimento, la morte del re cominciò a venire elaborata anche per gli aspetti politici e diplomatici che essa comportava.

Soprattutto da parte dei suoi alleati tedeschi che cominciavano a credere con sempre maggiore coscienza che il loro liberatore stesse diventando inesorabilmente anche il loro conquistatore.

In ogni luogo dove l'esercito svedese era passato ora si contavano numerosissimi lutti e morti.

La Sassonia aveva perduto quasi un milione di abitanti, la maggior parte per peste o per fame. In Alsazia in Pomerania, nel Württemberg ovunque le armate avevano messo piede, i soldati avevano finito con il propagare la peste.

Molti cadaveri giacevano insepolti nelle città, per le strade e sulle rive dei fiumi. Le campagne pesantemente calpestate non fornivano più grano ne altro da macinare.

La mitica disciplina pretesa da Gustavo Adolfo da parte delle sue truppe era pian piano svanita nel corso degli eventi: *"Se la guerra dovesse durare ancora l'impero verrebbe completamente distrutto e questo fatto non può che creare sincere preoccupazioni in chi desidera ardentemente la pace"*. Con queste parole meste si esprimeva ad esempio il generale Arnim comandante dell'esercito sassone.

Ma c'era un posto nel mondo dove la costernazione non aveva pace, e questo non poteva essere che la Svezia. La patria del re morto si sentiva gravemente colpita. I suoi sudditi avevano sopportato sacrifici immani, ed ora gli stessi sudditi si domandavano se questi sacrifici erano serviti a qualche cosa, se insomma l'avventura tedesca doveva continuare o meno. Ed ancora se i loro alleati tedeschi avrebbero continuato a garantire l'amicizia alla Svezia o se al contrario questa alleanza venisse da loro interpretata come una scomoda ed insopportabile situazione.

OXENSTIERNA E LA LEGA DI HEILBRON

Subito dopo Lutzen, già durante i funerali del re a Weissenfels, l'esercito svedese proclamò suo generalissimo il giovane duca Bernardo di Sassonia Weimar che così bene aveva tenuto le posizioni durante la tragica battaglia che aveva visto l'uccisione di Gustavo Adolfo.

Il Consiglio di Stato svedese proclamò pertanto l'intenzione di continuare con tutte le sue forze l'opera iniziata dal sovrano e affidò la direzione politica e militare a cancelliere di Stato Axel Oxenstierna. Fu dunque stabilita la sua reggenza essendo ancora minorenne Cristina la figlia del re di Svezia. Tuttavia la nuova situazione che si era venuta a creare poneva non pochi problemi al cancelliere. Si doveva in primo luogo constatare il valore dell'alleanza con gli elettori protestanti tedeschi, rivedere la strategia militare in considerazione del fatto che con la morte di Gustavo Adolfo era venuto disgraziatamente a mancare la più certa e geniale guida militare.

La situazione in Pomerania era resa precaria dall'avvicinarsi del termine della tregua con la Polonia. I timori che questa nazione cattolica potesse approfittare della nuova situazione erano assai motivati, cosicché lo scoppio del conflitto fra la Polonia e la Russia in quella che venne chiamata la guerra di Smolensk, alleggerì parecchio la pressione in quella zona.

Anche la politica della Francia comportava qual-

▲ *Il municipio (rathaus) in forme rinascimentali di Helbronn*

che problema per il cancelliere svedese. Gustavo Adolfo si era sempre riproposto di escludere dal teatro tedesco qualsiasi ingerenza diretta da parte francese, ed ora che il re non c'era più, il cardinale Richelieu realizzava di poter cambiare strategia. Allo scopo il cardinale inviò diversi agenti presso le varie corti degli alleati protestanti tedeschi, era sua manifesta intenzione gestire direttamente gli affari della crisi in Germania. Richelieu si compiacque di sedurre Oxenstierna promettendogli il matrimonio fra il figlio del re di Francia e la giovane regina di Svezia Cristina. Il cancelliere svedese era sufficientemente scaltro per non cadere nell'adulazione, tuttavia i problemi che lo stesso aveva presso la propria corte e soprattutto presso la nobiltà svedese, rendevano assai precaria la sua reale autorità in patria. Fu per questo motivo di evidente necessità che il cancelliere svedese fu indotto a sacrificare parzialmente la propria indipendenza nei confronti della Francia pur di conservare l'autorità ed i vantaggi che la Svezia aveva fin li raggiunti. Era quindi sua ferma intenzione riproporre il progettato *corpus evangelicorum*, vale a dire la formazione di un'assemblea dei rappresentanti dei circoli protestanti alleati. Intraprese quindi immediatamente i canali diplomatici con i due elettori protestanti; compito relativamente facile quello nei confronti dell'elettore del Brandeburgo, cui tanto per cambiare promise la mano della regina Cristina per suo figlio. Assai più complicato si rilevò il rapporto con Giovanni Giorgio di Sassonia che il cancelliere svedese raggiunse a Dresda nel freddo Natale di quell'anno. L'elettore è il suo generale Arnim erano infatti più che propensi a chiedere e desiderare una pace generale, per la quale annunciarono, si erano presi la libertà di poterne discutere le condizioni direttamente con il Wallenstein. Non solo, Giorgio di Sassonia pretendeva ora anche la direzione del partito protestante dell'impero in sostituzione del defunto Gustavo Adolfo. Oxenstierna non si lasciò tuttavia intimorire dall'elettore che non stimava e che

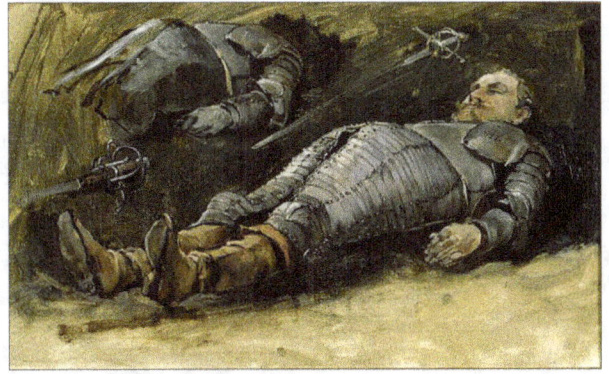

▲ *Il corpo del re ricomposto con la corazza*

considerava solo un borioso ubriacone. Decise quindi di forzare la mano e il 18 marzo 1633 convocò l'assemblea delle circoscrizioni protestanti che in un primo tempo si era pensato di tenere a Ulm, ma poi motivi di opportunità suggerirono la più comoda cittadina sveva di Heilbronn. Lo scopo principale dell'alleanza che si andava formando era la difesa della causa protestante nell'impero. Il trattato venne sottoscritto anche dai cavalieri liberi e dagli eredi dell'elettore Palatino recentemente scomparso. L'elettore di Sassonia in disaccordo si assentò di proposito da questa assemblea con lo scopo palese di invalidarla. Ma i suoi calcoli si rivelarono presto sbagliati e la cosiddetta lega di Heilbronn nacque sotto la diretta e riconosciuta guida del cancelliere Oxenstierna, cui rimaneva l'arduo e difficile compito di respingere o almeno contenere le pretese francesi. L'ambasciatore del re di Francia Feuquières si dimostrò infatti assai risoluto nel rivendicare per il suo re e il suo primo ministro tutte le prerogative e i vantaggi che la nuova situazione reclamava. Furono anche avanzate pretese territoriali sulla Lorena e su altri territori di confine ed anche la spartizione dei Paesi Bassi spagnoli per i quali furono aperti accordi poi falliti con le Province unite che non intendevano rinunciare al comodo stato cuscinetto di Bruxelles che doveva preservare la loro indipendenza dalla sempre più evidente rapacità francese.

LE FASI DELLA GUERRA DEI 30 ANNI − CRONOLOGIA

dalla fine della Fase Svedese fino alla pace di Praga (1632-1635)

Episodi, battaglie e diete, oltre che principali fatti artistici, scientifici o letterari riportate in ordine cronologico. Con asterisco sono indicate le vittorie protestanti.

1632 29 novembre Federico V Palatino muore solo e disperato a Magonza

1632 21 dicembre Il generale anti imperiale Baudissin occupa Colonia *

1633 Callot realizza il ciclo *"Les misères de la guerre"*

1633 lo shogun del Giappone Tokugawa mette fuori legge i cristiani e li persegue

1633 14 marzo assedio svedese della città di Hamelns che cede in luglio*

1633 8 aprile L'esercito dell'Assia sotto Melander conquista Paderborn*

1633 23 aprile viene indetta la lega di Heilbronn sotto la guida di Oxenstierna

1633 giugno la Francia invade la Lorena

1633 22 giugno Galileo Galilei viene obbligato ad abiurare le teorie eliocentriche

1633 28 giugno battaglia di Hessisch-Oldendorf *

1633 luglio 1° ammutinamento dell'esercito svedese

1633 11 agosto battaglia di Pfaffenhofen *

1633 12 agosto muore il compositore Jacopo Peri

1633 12 settembre gli svedesi al comando di Dodo Von Knyphausen conquista Osnabrück *

1633 11 ottobre battaglia di Steinau sull'Oder fra Wallenstein e Thurn

1633 21 ottobre vengono firmati i trattati di Crossen fra Sassonia e Wallenstein

1633 16 novembre Bernardo di Sassonia Weimar conquista Ratisbona *

1634 Velasquez dipinge la resa di Breda (le lance)

1634 24 gennaio Editto di destituzione di Ferdinando II nei confronti di Wallenstein

1634 25 febbraio assassinio di Wallenstein in Eger

1634 1 marzo i polacchi sconfiggono i russi a Smolensk

1634 22 aprile sconfitte degli assiani a Herford

1634 13 maggio I sassoni sconfiggono gli imperiali del Colloredo a Liegnitz in Slesia *

1634 3 giugno conquista svedese di Philippsburgs

1634 giugno pace fra Russia e Polonia

1634 15 luglio la città di Donauwörth torna di nuovo sotto gli imperiali

1634 22 luglio assedio di Landshut e morte del generale Aldringer *

1634 26 luglio liberazione della città di Ratisbona da parte degli imperiali

1634 17 agosto inizia l'assedio di Nördlingen

1634 5-6 settembre battaglia di Nördlingen

1634 ottobre il Cardinale Infante prende la carica di governatore dei paesi bassi spagnoli

1635 Poussin dipinge *il ratto delle sabine*

1635 24 gennaio gli imperiali riconquistano la piazzaforte di Philippsburg

1635 22 febbraio viene fondata da Richelieu la reale accademia di Francia

1635 8 febbraio rinnovo del trattato franco olandese

1635 28 febbraio armistizio tra l'imperatore e il duca di Sassonia a Laun

1635 26 marzo conquista della città di Treviri da parte delle truppe spagnole

1635 27 marzo inizia la spedizione del duca di Rohan in Valtellina

1635 30 aprile trattato di Compiégne. La Francia assicura il sostegno alla lega di Heilbronn

1635 21 maggio la Francia, rompe gli indugi e dichiara guerra alla Spagna

1635 30 maggio pace di Praga

1635 agosto ammutinamento dell'esercito svedese

1635 11 luglio trattato di Rivoli fra Vittorio Amedeo I duca di Savoia e il Richelieu

1635 agosto assedio della piazzaforte di Casale da parte dei franco-sabaudi

1635 agosto ammutinamento dell'esercito svedese

1635 agosto rivolta contadina in Stiria

1635 6 settembre anche il Brandeburgo accetta la pace di Praga

AXEL OXENSTIERNA, IL CANCELLIERE SVEDESE (1583-1654)

Grande uomo politico svedese. Studiò teologia e diritto a Rostock, Jena e Wittenberg. Iniziò la sua attività politica sotto il regno di Carlo IX. Alla morte di questi nel 1612, Oxenstierna conte di Sodemore grazie alle sue riconosciute doti di intelligenza e sano realismo fu nominato cancelliere dal nuovo sovrano Gustavo Adolfo di cui avrebbe fatto un ideale completamento all'irruento carattere del re.

In questa qualità diplomatica Oxenstierna avviò trattative di pace con la Danimarca nel 1613, con la Russia nel 1617, con la Polonia nel 1623, e fu nominato governatore generale della Prussia nel 1626. Dopo la morte del re divenne la più importante figura politica della Svezia.

Durante la minore età della regina Cristina, in qualità di reggente dispose di un potere assoluto nelle questioni di politica interna ed estera, assumendo di fatto la guida del paese e riorganizzandone l'esercito che affidò al giovane generale Bernardo di Sassonia Weimar.

Nel gennaio 1633 la Dieta lo designò legato plenipotenziario in Germania, con poteri assoluti sui territori conquistati nella prima fase della guerra dei Trent'anni.

Fondò e guidò con mano ferma la cosiddetta Lega di Heilbronn, sorta di santa alleanza protestante in chiave anti-imperiale. Dovette tuttavia patire la sempre crescente importanza francese negli affari della guerra.

Oxenstierna guidò inoltre la guerra vittoriosa contro la Danimarca (1643-1645), che con la pace di Brömsebro portò la Svezia al predominio sul Baltico. Allo stesso modo resse i trattati diplomatici di Osnabrück per la definitiva pace di Westfalia. Dopo la guerra manifestò dissensi nei confronti della regina che lo esautorò da ogni incarico, riottenne tuttavia la fiducia dal nuovo sovrano Carlo X Gustavo.

Morì pieno di gloria a Stoccolma il sette settembre del 1654 a 71 anni di età.

LA CAMPAGNA DI PAPPENHEIM IN WESTFALIA DEL 1632

Prima di esaminare i nuovi sviluppi militari verificatisi dopo la battaglia di Lutzen, dobbiamo fare qualche passo indietro e ritornare a quelle operazioni in Westfalia che videro impegnati i locali eserciti nel corso del 1632. Nel dicembre del 1631 l'esercito della lega nominò Pappenheim comandante generale delle truppe in Westfalia.

Gli accadimenti di Breitenfeld avevano assai sconfessato la sua particolare strategia offensiva, ma la situazione delle armate cattoliche era disperata, ed ora servivano tutte le forze possibili. La presenza delle forze imperiali e della lega nella regione della Westfalia consisteva in poche e demoralizzate guarnigioni. Le truppe migliori infatti erano state necessariamente reclutate nell'armata del Tilly per difendere e soccorrere la Baviera. Il Pappenheim disponeva di pochi soldi

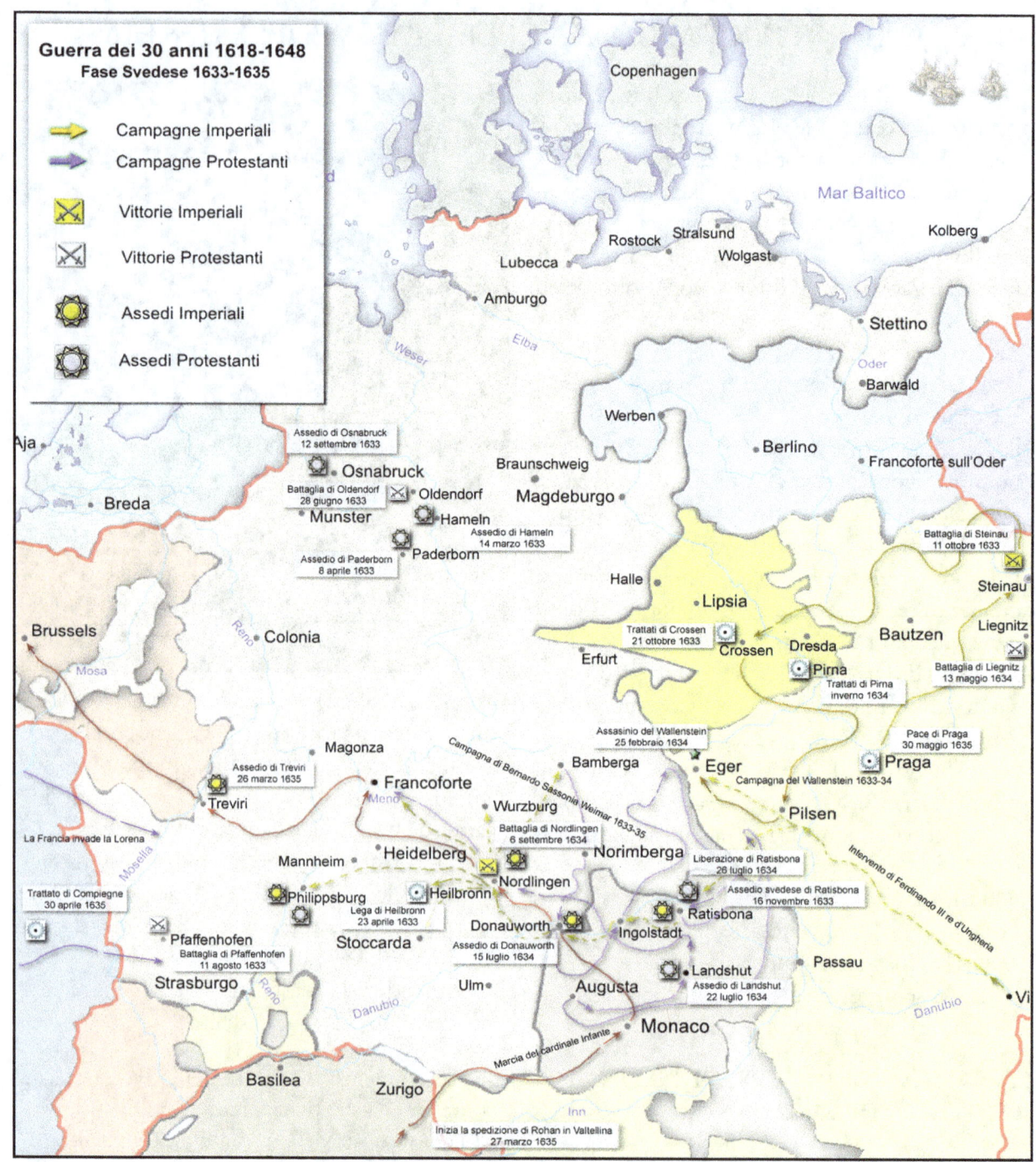

Guerra dei 30 anni 1618-1648
Fase Svedese 1633-1635

Campagne Imperiali
Campagne Protestanti
Vittorie Imperiali
Vittorie Protestanti
Assedi Imperiali
Assedi Protestanti

Copenhagen

Mar Baltico

Rostock   Stralsund   Kolberg
Lubecca   Wolgast
Amburgo   Stettino

Weser   Elba   Oder   Barwald

Werben

Berlino   Francoforte sull'Oder

Aja

Assedio di Osnabruck
12 settembre 1633
Osnabruck   Braunschweig
Battaglia di Oldendorf
28 giugno 1633   Oldendorf   Magdeburgo
Breda   Munster   Hameln
Assedio di Hameln
14 marzo 1633
Assedio di Paderborn
8 aprile 1633   Paderborn

Halle   Battaglia di Steinau
11 ottobre 1633
Lipsia   Steinau
Reno   Colonia   Erfurt   Trattati di Crossen
21 ottobre 1633   Bautzen   Liegnitz
Crossen   Dresda
Brussels   Pirna   Battaglia di Liegnitz
13 maggio 1634
Mosa   Trattati di Pirna
inverno 1634
Pace di Praga
30 maggio 1635
Magonza   Assassinio del Wallenstein
25 febbraio 1634   Praga
Campagna di Bernardo Sassonia Weimar 1633-35   Bamberga   Eger
Assedio di Treviri   Francoforte   Campagna del Wallenstein 1633-34
26 marzo 1635   Meno   Wurzburg   Pilsen
Treviri   Battaglia di Nordlingen
6 settembre 1634   Norimberga   Intervento di Ferdinando III re d'Ungheria
La Francia invade la Lorena   Heidelberg   Liberazione di Ratisbona
Mannheim   Nordlingen   26 luglio 1634
Moselle   Assedio svedese di Ratisbona
Trattato di Compiegne   Philippsburg   Heilbronn   16 novembre 1633
30 aprile 1635   Lega di Heilbronn   Ratisbona
23 aprile 1633   Donauworth   Ingolstadt
Pfaffenhofen   Stoccarda   Assedio di Donauworth   Landshut
Battaglia di Pfaffenhofen   15 luglio 1634   Passau
11 agosto 1633   Ulm   Augusta   Assedio di Landshut
Strasburgo   Reno   22 luglio 1634
Danubio   Monaco   Danubio   Vi
Basilea   Zurigo   Inn
Marcia del cardinale Infante
Inizia la spedizione di Rohan in Valtellina
27 marzo 1635

▲ *Battaglie e campagne militari della fase finale svedese 1632-1635 (campagne di Oxenstierna)*

e di pochi uomini per contro aveva però mano libera nello scegliere cosa fare e che direzione prendere e stavolta senza alcuna interferenza da superiori non considerati. Il generale bavarese risolse il problema sfruttando tutti gli uomini utili al servizio di diverse guarnigioni lasciandole così sguarnite e completamente abbandonate al loro destino. Più tardi a tutto questo si aggiunsero dei contributi da parte dei cattolici della Westfalia che si sommavano ai contributi forzati richiesti alle varie città che finirono sotto la sua occupazione. In ogni caso la situazione strategica era molto deficitaria, le forze cattoliche provenienti dal Meclemburgo nel nord e dalla Borgogna erano composte da poco meno di 10.000 uomini, mentre i protestanti nella zona potevano vantare ben sei armate per complessivi 50.000 uomini.

A sud vi era l'armata guidata dal langravio Guglielmo dell'Assia-Kassel, a nord quella comandata dal duca Giorgio di Brunswick Luneburg, mentre ad est stava l'armata svedese guidata dal Baner e da Guglielmo di Sassonia Weimar che cingevano d'assedio Magdeburgo. Il Pappenheim era perciò circondato su tre fronti, in questa situazione egli stabilì la sua dislocazione lungo il corso del Weser. Pur in una situazione così disperata, Pappenheim riuscì con genio e fantasia a tenere impegnati e a sconfiggere ripetutamente i suoi più numerosi nemici. Qualche storico ha paragonato le operazioni del Pappenheim in Westfalia a quelle del generale confederato Stonewall Jackson nella Shenandoah Valley durante la guerra civile americana. Una grande mobilità e notevole spirito di adattamento compensarono efficacemente il divario numerico con le armate nemiche. Uno dei suoi primi obiettivi fu allora la città di Magdeburgo, da lui già tristemente saccheggiata con il Tilly. Come detto la città era circondata dalle armate svedesi alla guida del generale Baner che disponeva di ben 11.000 uomini. Tuttavia l'assedio a cui la città era sottoposta non dava i frutti sperati agli svedesi. A complicare le cose, si aggiungevano i cattivi rapporti fra i comandanti svedesi ed i loro alleati tedeschi. Pappenheim disponeva di forze pari alla metà del nemico e oltretutto di scarsa qualità, tuttavia nell'avvicinarsi alla città raccolse delle reclute con le quali rinforzò un poco o il suo esercito. Dotatosi di un efficiente sistema di spionaggio, il Pappenheim riuscì a far credere all'avversario di disporre di forze sufficienti a poterlo affrontare. In più il depistaggio venne rinforzato da false notizie riguardanti i vari e numerosi obiettivi a disposizione del generale bavarese per i suoi raid.

Questo fatto obbligò di svedesi a rinforzare tutte le loro guarnigioni da Erfurt fino al Baltico, e si assistette ad una tattica difensiva da parte di truppe tradizionalmente portate all'offensiva contro truppe numericamente poco numerose. Soltanto il landgravio dell'Assia si rese attivo lanciando due attacchi sulla città di Paderborn per stanare il nemico fuori dal bacino dell'Elba, ciò nonostante Pappenheim si profuse in numerosi colpi di mano, l'ultimo con poco più di 2.000 cavalieri che misero a ferro e fuoco tutta la regione. Fu a questo punto che l'audace generale di cavalleria imperiale elaborò il piano di investire la città di Wolfenbüttel, e in capo a sei giorni, conquistò la fortezza. Il Baner insieme a Guglielmo di Sassonia Weimar reagirono raccogliendo un esercito di 14.000 uomini e si portarono nella zona. Giunsero però 10 giorni dopo l'inizio dall'assedio, ed il Baner stimando le forze di Pappenheim in 15.000 uomini preferì ritirarsi sulla cittadina di Hameln. Tutto questo tergiversare senza risultai utili, fece innervosire parecchio il re di Svezia, che allora decise di dare direttamente le proprie coordinate alle varie armate.

Si stabilì quindi che Baner poteva concentrarsi a Magdeburgo, Guglielmo di Sassonia a Weimar ed Erfurt, mentre tutte le forze rimanenti dovevano essere sufficienti per contrastare il Pappenheim nelle sue scorrerie. Queste finalmente sotto la guida del generale Tott presero la città di Wismar sul mar Baltico alla fine di gennaio, ma non riuscirono a attraversare l'Elba, fino a metà febbraio. Il nuovo anno nel frattempo richiedeva urgenti rinforzi al re di Svezia per la progettata invasione della Baviera, lasciando in Westfalia poco più di 30.000 uomini. Truppe comunque ritenute sufficienti a controllare i 10.000 "guerriglieri" del Pappenheim che a febbraio dovette rinunciare ad un nuovo raid in conseguenza di una fortissima nevicata. Insieme alle truppe richieste, anche i generali Baner e Guglielmo di Sassonia Weimar dovettero lasciare il comando e raggiungere il sovrano svedese. Questo fatto lasciò le truppe protestanti in Westfalia senza comandanti esperti.

▲ *Pappenheim e i Corazzieri a cavallo: Questa antica specialità della cavalleria pesante doveva caricare con lo spadone, o con la lancia nel tentativo di sfondare le chiuse formazioni di fanteria del periodo. A destra Gottfried Heinrich graf zu Pappenheim, detto il corazziere nero, uno dei mitici comandanti di cavalleria della guerra dei 30 anni. Tavola di B.Mugnai e Luca Cristini*

Il Pappenheim ne approfittò immediatamente, ed il 16 marzo le sue truppe sorpresero i soldati svedesi e dell'Assia nella cittadina di Hoxter posta sulle rive del Weser procurando loro una sonora sconfitta. Rimasero in mano imperiali numerosi prigionieri e tutte le artiglierie.

A questo punto, a peggiorare le cose, intervenne nuovamente Gustavo Adolfo che ritirò dal teatro delle operazioni altri 5.000 soldati di cui necessitava attorno a Magdeburgo, lasciando i soli soldati dell'Assia a combattere il terribile Pappenheim, al comando del duca Giorgio di Brunswick Luneburg al quale non riuscì di impedire la cattura di diverse città: Einbeck, Hildersheim ed Osterode. Nel frattempo a nord il generale Tott aveva finalmente attraversato l'Elba.

In aprile questo esercito aveva recuperato diverse piazzeforti sul mar del nord, e ora stava assediando la città di Stade con il timore, fondato di un possibile intervento danese, questa volta in funzione pro imperiale. Pappenheim decise che era giunto il momento di portarsi a nord, lasciato quindi poche truppe ad osservare i soldati dell'Assia, raggiunse le truppe avversarie guidate dal Tott e le sconfisse in una serie di piccoli scontri. Il generale svedese si ritirò quindi ad Amburgo dove venne sostituito nell'incarico dal generale Baudissin. Pappenheim procedette quindi al saccheggio sistematico del distretto prima di fare ritorno sulle sue posizioni a sud dove riuscì a sconfiggere anche le ultime resistenze del povero generale Uslar comandante dell'armata dell'Assia, trionfando ovunque anche grazie ad un esercito completamente galvanizzato ed euforico.

Nel mese di luglio gli alleati spagnoli nelle Fiandre chiesero espressamente l'aiuto del Pappenheim per cercare di liberare la fortezza di Maastricht assediata dagli olandesi.

Gli spagnoli offrirono una somma di 500.000 talleri al generale bavarese se questi fosse riuscito a liberare la città. Come noto la situazione economica delle truppe imperiali in Westfalia era assai precaria e questa enorme cifra avrebbe risolto molti se non tutti i problemi. Pappenheim accet-

tò, e dopo aver lasciato 3.000 uomini al comando di Gronsfeld in Westfalia, partì con gli 8.000 che gli rimanevano per la spedizione di Maastricht. Gli spagnoli si aspettavano un contingente di almeno 20.000 soldati, e quando videro che le truppe richieste, e per le quali avevano versato una cifra enorme, erano poco meno della metà si sentirono un po' beffati.

Ciononostante questi, insieme a contingenti spagnoli, tentarono di spezzare l'assedio all'importante città delle Fiandre. Complici la disorganizzazione e la confusione che regnava in questo esercito misto, l'impresa non riuscì, e la città capitolò agli olandesi il 23 di agosto.

Nel frattempo in assenza del protagonista principale in Westfalia l'iniziativa era tornata in mano protestante, Baudissin ed il duca Giorgio di Brunswick Luneburg recuperarono numerose città e fra esse furono investite Paderborn e Hoxter. Impressionato dai recenti successi del Pappenheim, apparve intanto sulla scena addirittura il Wallenstein che come noto nutriva simpatia per l'impetuoso generale bavarese.

Le truppe inviate a rinforzo dal generale boemo si incontrarono con quelle guidate dal Gronsfeld il 15 settembre a Paderborn.

Per la fine del mese ad essi si aggiunse anche il Pappenheim e con queste forze congiunte in meno di una settimana gli imperiali recuperarono tutte le città appena perse.

A questo punto però si inserivano le ultimative pressanti richieste strategiche del fronte principale. Ora era il Wallenstein a necessitare dell'aiuto di Pappenheim dato che lo scontro con Gustavo Adolfo si stava avvicinando.

Andava quindi verso la fine la gloriosa campagna di Westfalia che in effetti terminò con un ultimo grande successo con la conquista della città di Hildesheim avvenuta il 10 di ottobre.

Pappenheim entrò in trionfo nella città conquistata, celebrato con entusiasmo dai suoi soldati che lo adoravano. Il 22 ottobre però egli stava già marciando con la sua gloriosa armata verso sud e verso il suo fatale destino di Lutzen.

LA BATTAGLIA DI HESSISCH-OLDENDORF

Nella campagna del 1633 al comando delle forze protestanti rimaneva in Westfalia il solo duca Giorgio di Brunswick Luneburg.

Il duca persuase il cancelliere Oxenstierna a rinforzare la propria debole armata. Il cancelliere formò quindi un'armata reale con elementi veterani provenienti dalla battaglia di Lutzen al comando di Dodo Kniphausen.

Questi soldati uniti al contingente già operativo dell'Assia fornirono al duca Giorgio un esercito di 20.000 elementi. Sul fronte opposto l'uscita di scena del Pappenheim aveva reso la posizione cattolica nella regione assai precaria, con le poche forze rimanenti disponibili sotto il comando del generale Bonninghausen. Questa favorevole situazione spinse l'insolitamente prudente duca Giorgio di Brunswick Luneburg ad uno spiccato atteggiamento offensivo, chiudendo ai primi di marzo i propri quartieri invernali e puntando direttamente verso la fortezza di Hameln difesa dal generale Gronsfeld. Hameln era una cittadina dotata di antiche fortificazioni medievali cui i 2.000 difensori avevano aggiunto alcune efficaci opere di trincea come moderni rivellini, piazzole d'artiglieria e altri lavori di difesa passiva.

Apparve subito evidente agli attaccanti protestanti che la cittadina non poteva venire occupata senza un normale assedio, che per la verità si

prolungò più del previsto, e che vide gli sconcertati eroici cavalieri svedesi "marcire" per settimane nelle scomode trincee di approccio.

La difesa di Hameln tenne impiegato l'esercito protestante per diversi mesi dell'anno, i comandanti cattolici tentarono quindi di reagire approfittando della situazione, convenendo nella città di Minden ai primi di luglio.

Bonninghausen, Gronsfeld e il generale Merode che recentemente aveva reclutato un nuovo corpo imperiale nelle Fiandre decisero di approntare un'armata con l'intenzione di investire gli assedianti di Hameln. Questo nuovo esercito raggiunse quindi la riva del Weser, il duca Giorgio gli si fece contro assumendo una posizione difensiva presso la cittadina di Oldendorf a circa 20 km a nord-ovest di Hameln, lasciando nelle trincee di approccio un sottile velo di truppe che confondesse i difensori della cittadina.

L' armata protestante era formata da tre corpi distinti: gli svedesi, i soldati dell'Assia Kassel e i soldati di Luneburg per un totale di 14.500 uomini divisi in 7.000 fanti, 7.500 cavalieri e 37 cannoni. Le forze cattoliche erano invece composte da soldati imperiali, della lega cattolica e da contingenti spagnoli più alcune truppe inviate dalla città di Colonia. Al loro comando erano il generale Bonninghausen e Gronsfeld con 10.000 fanti, 4.000 cavalieri e 12 cannoni, ad effettivi praticamente uguali a quelli degli avversari con

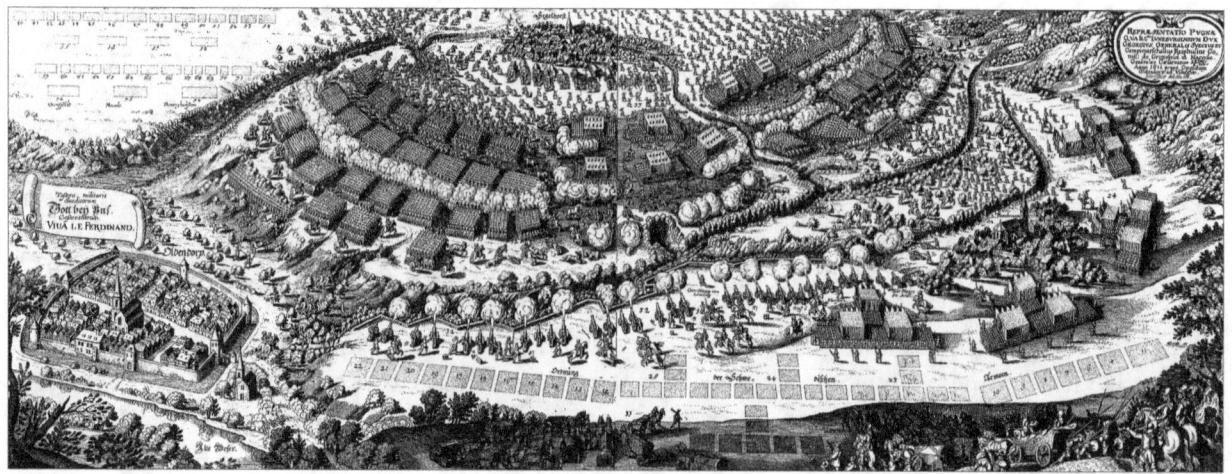

▲ *La battaglia di Hessisch-Oldendorf del 28 giugno 1633. M.Merian da Theatrum Europaeum (Collezione dell'autore)*

una sostanziale differenza di cavalieri e cannoni. La battaglia iniziò l'otto luglio alle ore 9.30 con un intenso fuoco d'artiglieria su tutto il fronte, mentre i primi movimenti si ebbero sulla sinistra cattolica dove il generale Merode tentò un attacco diretto contro la cavalleria svedese.

Attacco che fu facilmente respinto, mentre sul resto del fronte continuava il cannoneggiamento a chiaro favore delle truppe di Giorgio di Brunswick Luneburg che disponeva di pezzi d'artiglieria più numerosi oltre che di migliore qualità. Venne quindi ordinato un contrattacco sull'ala sinistra cattolica che portò all'immediato rottura dalla linea di difesa. Incoraggiato da questo successo il comandante dell'armata protestante ordinò una generale avanzata, che provocò stavolta il collasso dell'ala destra cattolica. Il generale Merode nel frattempo tentava disperatamente di riordinare i suoi soldati con eroica ostinazione finché alle ore 11 lo stesso generale venne colpito e ucciso provocando in questo modo la sconfit-

ta finale dei suoi reggimenti. L'esercito cattolico si ritirò quindi su Minden inseguito dalla onnipresente cavalleria svedese cui riuscì l'impresa di catturare interi reggimenti nemici.

Gli imperiali lamentarono la perdita di più di 3.000 uomini fra morti e feriti, 1.000 prigionieri, 74 bandiere e 12 cannoni. Per contro i protestanti se la cavarono con meno di 700 perdite. La presenza cattolica in Westfalia era definitivamente domata, lo sconfitto Gronsfeld radunò le restanti truppe e guarnigioni ripiegando su Colonia. La responsabilità della sconfitta venne convenientemente attribuita allo scomparso Merode.

LA GUERRA CONTINUA

Come noto la posizione strategica dalla Svezia dopo la scomparsa di Gustavo non era delle migliori. Agli inizi del 1633 i protestanti disponevano comunque ancora di un buon numero di soldati divisi in otto armate: quella guidata dal nuovo comandante generale Bernardo di Sas-

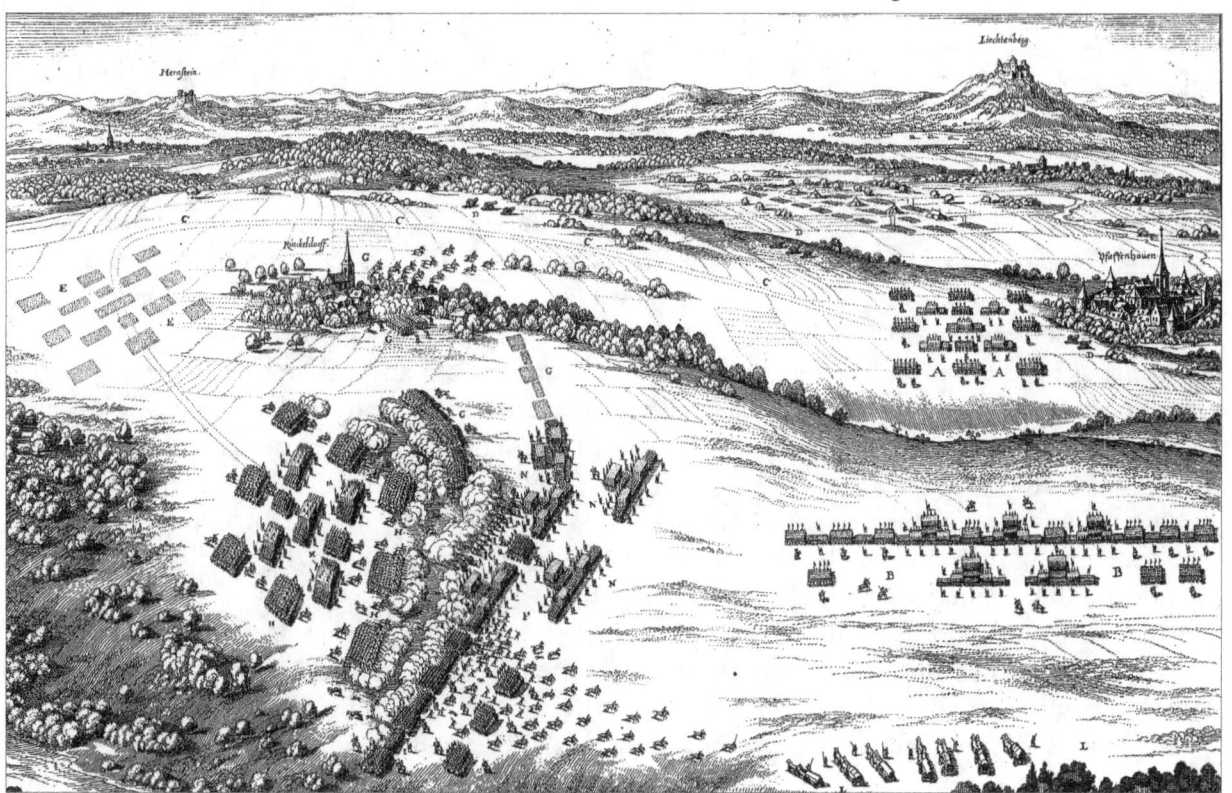

▲ *La battaglia di Pfaffenhofen del 11 agosto 1633. M.Merian da Theatrum Europaeum (Collezione dell'autore)*

GIORGIO GUGLIELMO DI BRUNSWICK-LUNEBURG 1582-1641

Il più giovane dei fratelli Luneburg, divenne presto un soldato mercenario, iniziando la sua carriera al servizio di Wallenstein reclutando un reggimento protestante durante la guerra danese. Deluso però dalle politiche imperiali, rassegnò il suo incarico e accettò un nuovo contratto con Gustavo Adolfo. Il duca Giorgio era tuttavia visto con sospetto dai comandati svedesi, tuttavia la sua posizione non fu messa in discussione dal momento che tutti i suoi soldati erano a libro paga del re svedese.

Alla morte del re egli divenne comandante generale in Westfalia dove riportò la grande vittoria di Oldendorf. Dopo Nordlingen cambiò di nuovo alleanza, tornando al servizio degli imperiali, per ritornare nuovamente sotto gli svedesi dopo le vittorie del Baner nel 1638-39. Morì nel 1641 insieme al generale Baner a causa di cibo avariato o avvelenato, curiosamente una fine comune a molti generali del periodo.

Genericamente considerato un generale modesto ma dotato di sano pragmatismo che gli permise una spiccata, e in quei tempi utile real politik.

GIORGIO GUGLIELMO DUCA DI BRUNSUUIC, E LUNEBURG GENERALE DEL CIRCOLO DELLA SASSONIA BASSA &c

---

sonia Weimar in Franconia, quella del generale Horn in Svevia, quella guidata da Guglielmo di Sassonia Weimar in Turingia, quella già descritta di Giorgio di Brunswick Luneburg in Westfalia, l'armata sassone guidata da Arnim e altri tre piccoli contingenti presenti in Alsazia, Slesia e lungo il Reno più una nutrita serie di guarnigioni dislocate dal lago di Costanza fino alle coste del mar Baltico nell'estremo nord.

Alcuni di questi contingenti erano guidati da generali mediocri, in altri la fedeltà alla causa era piuttosto dubbia come nel caso dell'armata sassone. In altri casi ancora era l'invidia o la delusione a provocare lo sconcerto di alcuni comandanti come ad esempio la vicenda personale di Guglielmo di Sassonia Weimar indispettito dalla promozione di suo fratello minore Bernardo al vertice dell'armata svedese in sua vece. Tuttavia

la situazione in campo imperiale non era molto migliore. La posizione del Wallenstein si era fatta più critica ed indebolita dalla battaglia di Lutzen, ma soprattutto dalla inspiegabile ritirata del generale boemo da tutta la Sassonia con il conseguente abbandono di importanti città e piazzeforti. Oltre all'esercito principale del duca di Friedland, il campo imperiale contava su quello bavarese diretto da Aldringer disposto lungo il Danubio, quello di Holk in Sassonia, di Marradas in Boemia più altre truppe dislocate lungo il Reno e in Alsazia.

L'esercito principale svedese ora agli ordini di Bernardo di Sassonia Weimar si era reso immediatamente attivo anche durante le fasi diplomatiche che avevano portato alla formazione della lega di Heilbronn, l'elettore di Sassonia Giovanni Giorgio ne reclamava l'intervento allo scopo di liquidare una volta per tutte l'esercito del Wallenstein. Il prudente Bernardo riteneva però non praticabile questa via e verso la fine del 1632 prese la decisione di dividere il suo esercito, fornendone importanti contingenti a Giorgio di Brunswick Luneburg per la descritta campagna di Westfalia. Con ciò che gli rimaneva stanziò i suoi quartieri invernali nei pressi di Bamberga dove elaborò un ambizioso piano per la primavera successiva che prevedeva una costante attività militare in Boemia con l'idea di alleggerire e liberare le truppe sassoni in Slesia, ma soprattutto la sua mente era tutta diretta al suo principale obiettivo rappresentato dalla simbolica città imperiale di Ratisbona, vera chiave di accesso sia per la Baviera che per Vienna.

Questo piano necessitava ovviamente che il Wallenstein venisse in qualche modo trattenuto lontano, ed allo scopo invitò a sua volta i sassoni ad iniziative militari che tenessero impegnato il generale boemo. A rinforzo inviò anche suo fratello Guglielmo a pressare la zona di Eger e contrastare la locale armata imperiale guidata da Holk. In primavera intanto l'esercito bavarese guidato da Aldringer prese l'iniziativa contrastando il suo avversario, il generale svedese Horn, e Bernardo diede quindi il via al suo piano concepito a Bamberga e con rapide manovre si spostò prima su Norimberga e successivamente ne pressi di Donauworth dove unì le sue truppe a quelle dell'Horn riportando nella più viva costernazione l'esercito della Lega cattolica del duca di Baviera che tornò a reclamare disperatamente l'aiuto di Wallenstein come era già avvenuto l'anno prima dalle trincee sul fiume Lech.

Il duca di Friedland però decise di non muoversi. Personalmente non credeva, e con buone ragioni, all'idea strategica di Bernardo d'invadere nuovamente la Baviera. Giustamente aveva intuito il reale piano avversario e si accingeva a farvi fronte rimanendo ben sistemato in Boemia dove nel frattempo aveva rinforzato il suo vecchio esercito con nuovi forti contingenti.

La Boemia rappresentava anche la disposizione ideale per continuare le sue offerte diplomatiche nei confronti del sempre più indeciso elettore sassone, con il quale voleva arrivare presto ad una pace e successiva alleanza che gli permettesse di estirpare una volta per tutte gli avversari di Ferdinando II. Ordinò quindi ad Aldringer di porsi sulla difensiva nella imprendibile Ingolstadt.

Ordine questo poco gradito al duca Massimiliano che pretendeva invece una difesa diretta del suo ducato ordinando al Aldringer di portarsi sulla capitale Monaco. Questo fato metteva ovviamente a repentaglio tutta la strategia difensiva imperiale. In questo modo sia Ingolstadt che soprattutto Ratisbona rimanevano esposte all'offensiva di Bernardo di Sassonia Weimar.

Rischio concreto che, per le fortune della fazione imperiale non si avverò per la concomitante nuova grave questione che si era aperta nelle fila protestanti. Scoppiò infatti la prima crisi delle paghe. I soldati e gli ufficiali che militavano nelle armate svedesi e dei loro alleati non ricevevano il soldo da molto, troppo tempo e minacciavano di conseguenza un ammutinamento generale.

Gli allarmati generali protestanti si rivolsero quindi direttamente a Oxenstierna, chiedendo soddisfazione economica alle pretese legittime dei loro soldati. Questo fatto provocò un lungo periodo di inazione da parte svedese che finì con il favorire le manovre imperiali ed in primis quelle dell'esercito della lega capitanato da Aldringer. La lega di Heilbronn nel frattempo aveva grosse difficoltà a dipanare la matassa dal problema dei crediti reclamati dalle sue truppe, vuoi per difficoltà organizzative legate alla recente formazione dell'organizzazione, vuoi per vera e propria mancanza di fondi. Il cancelliere Oxenstierna riuscì a fatica a raggranellare soldi sufficienti a calmare gli animi nell'immediato, e deliberò quindi di soddisfare i suoi comandanti, Bernardo per primo, rendendoli eredi di terre e ducati conquistati come ad esempio la Franconia, recentemente catturata, e che altro non era che una definizione geografica. Dalla unione dei vescovati di Bamberga e di Wurzburg nacque invece la Franconia politica data in feudo al "vassallo" svedese, il tedesco Bernardo di Sassonia Weimar. Ma torniamo al teatro operativo che agli inizi dell'estate vide approdare quella che tutti si aspettavano, vale a dire una tregua fra i sassoni e il Wallenstein. Ciò costrinse Bernardo a correre verso la Boemia, raggiunto Hof e Kulmbach ai confini cechi venne però richiamato a meridione da Oxenstierna per far fronte con il generale Horn alla nuova minaccia ispano-bavarese che si stava formando.

Nell'estate dello stesso anno la Spagna infatti decise di intervenire pesantemente nel teatro di guerra principale inviando un contingente di 20.000 uomini al comando del duca di Feria, già governatore di Milano, attraverso la cosiddetta via spagnola che passava per la Valtellina.

Raggiunto il passo a Fussen, unì le proprie forze a quelle dell'Aldringer provocando il risentimento del Wallenstein, che in qualità di comandante in capo si vedeva in qualche modo ridotto nelle sue funzioni. Furono così liberate importanti città come Costanza, Bregenz e Breisach e altre. Con-

temporaneamente però truppe francesi e l'armata svedese dell'Horn iniziarono la loro offensiva in Lorena occupandone la capitale e sconfiggendo pesantemente l'armata di Carlo di Lorena nella battaglia di Pfaffenhofen l'undici agosto del 1633, costringendo il duca alleato dell'imperatore Ferdinando II ad una precipitosa fuga.

Feria fu quindi immediatamente inviato in Lorena nel disperato tentativo di riprendere Nancy, quando l'avvicinarsi della stagione fredda obbligò l'esercito spagnolo a ritirarsi nei loro tranquilli quartieri invernali ai piedi delle Alpi, dove nel corso del rigido inverno che ne seguì buona parte dell'esercito ed il suo sfortunato comandante trovarono la morte a causa di una micidiale epidemia di peste. A peggiorare le cose ci si mise Bernardo che approfittando delle difficoltà createsi nel campo cattolico, rispolverò il vecchio piano di assalire Ratisbona. Egli si presentò quindi sotto le sue mura il 4 novembre del 1633 e dopo dieci giorni di assedio ne ottenne la capitolazione.

▲ *Battaglia fra svedesi e imperiali. Quadro della cerchia di Sebastian Vrankx*

LA CADUTA DI WALLENSTEIN

La perdita della importante città imperiale fu un colpo duro per tutti i cattolici ma soprattutto per Wallenstein la cui posizione diventava ogni giorno più precaria ed incerta. A pesare ancora di più sulle sorti del generale boemo erano però le nuove politiche che si stavano sviluppando nelle due case Asburgo di Vienna e Madrid. Il fratello del re di Spagna Ferdinando più noto con l'appellativo di Cardinale Infante venne infatti nominato successore in pectore della arciduchessa Isabella al governo dei paesi bassi spagnoli. A Vienna contemporaneamente crescevano le ambizioni politico-militari del figlio dell'imperatore, l'arciduca Ferdinando re d'Ungheria e Boemia nonché cognato del cardinale infante, avendone sposato la sorella Maria. Questi due giovani energici rampolli di casa Asburgo andavano sommando le loro aspirazioni e grandiosi progetti che si riflettevano nel motto *"la guerra di Wallenstein, senza il Wallenstein"*.

Non era ancora il vero e proprio complotto nei confronti del duca di Friedland, allora ancora solo immaginato da pochi. Era certo comunque che la posizione del generalissimo stava ormai diventando più un ostacolo che un vantaggio alla luce dei nuovi assetti strategici che alla corte imperiale si andavano formando e che prevedevano nell'immediato futuro il ripetersi con maggiori garanzie e mezzi del piano di invasione fallito dal governatore spagnolo Feria. Vale a dire l'invio di un potente esercito spagnolo dall'Italia che unendosi a quello imperiale avrebbe fatto piazza pulita degli avversari nella Germania sud-occidentale. Intanto l'isolato e depresso Wallenstein cercava di dare una mossa al suo stato di ozio in cui era relegato a oriente del teatro di guerra.

Dovette come detto, sopportare la pesante ingerenza spagnola nei confronti della gestione delle truppe bavaresi guidate dall'Aldringer.

Nominò quindi Matteo Gallas suo luogotenente rappresentante presso la corte, ordinandogli di investire la Sassonia con il corpo di 13.000 uomini già soldati del fedele generale Holk nel frattempo morto per un'epidemia di peste.

Il preoccupato generale Arnim al comando dell'esercito sassone corse a cercare di difendere i possedimenti del suo elettore dirigendosi verso il fiume Elba, sperando che i suoi alleati svedesi e tedeschi potessero trattenere sull'Oder le truppe del Wallenstein che avevano di fronte.

Questi per un tratto inseguì l'armata sassone, quando improvvisamente cambio idea, e l'undici ottobre fece un repentino dietro front e si portò a marce forzate verso la città di Steinau sull'Oder dove era accampato un modesto esercito svedese di circa 10.000 uomini al comando di una nostra vecchia conoscenza, il conte Thurn, meglio noto come il defenestratore di Praga oltre che lo sconfitto della Montagna Bianca. Wallenstein si preoccupò di circondare interamente questo corpo grazie ai suoi 30.000 soldati accompagnati da oltre 70 cannoni contro i 10 a disposizione dei suoi nemici. Lo scontro non poteva quindi riservare alcuna sorpresa e Thurn optò presto per una resa completa e immediata. I suoi uomini, secondo l'uso dell'epoca, furono prontamente re-inquadrati nelle fila dell'esercito imperiale. Catturò ovviamente anche i due comandanti: Duvall e Thurn, faccenda questa che diede vita ad uno dei gialli più misteriosi della storia. Non si conobbero mai i termini precisi della capitolazione ottenuta così rapidamente a dispetto di ciò che per contro il comandante sassone Arnim si augurava. Pare certo che Wallenstein minacciò di orrenda morte i comandanti nemici catturati se gli stessi non avessero ordinato l'immediata resa di tutte le piazzeforti in Slesia. Il borioso e arrogante Thurn aveva lasciato posto ad un irriconoscibile e impaurito agnellino che accettò quindi tutte le richieste senza riserve. Liegnitz, Glogau e Sagan

▲ *Tamburo e piffero di un reggimento di fanteria imperiale. Tavola del F. Gerash*

e Breslau furono consegnate agli imperiali una dopo l'altra. Dopodiché ponendo sulla bilancia anche un discreto mucchio di quattrini ottenne insperatamente il suo riscatto con conseguente liberazione da parte di un cinico Wallenstein.

Questa strana conclusione irritò immensamente la corte di Vienna che non vedeva l'ora di mettere le mani sul primo traditore di tutta la guerra dei 30 anni e riservargli una sorprendente quanto legittima, (per parte loro) punizione.

Wallenstein rispose alle critiche suggerendo l'utilità di avere restituito alla controparte un inetto come il Thurn, piuttosto che quella di ricavarne un martire inviandolo sul patibolo.

Steinau fu comunque una grossa vittoria ottenuta con il minimo sforzo, e pochissime perdite.

Fu anche l'ultima vittoria del duca di Friedland, e per un po' il successo di questa campagna lo ristabilì nella sua piena autorità. Pare che l'imperatore Ferdinando II eccitato dalla notizia ricevuta in piena notte, corse a svegliare ad ore impossibili alcuni dei suoi segretari particolari con cui condividerne la gioia. Ci si immaginava una rapida liberazione di tutto il resto del paese ora che la Slesia era stata liberata dagli svedesi.

Ora doveva venire il turno della Sassonia, del Brandeburgo, della Pomerania e persino dell'odiata Stralsund. Si giunse quindi alla già citata tregua con l'elettore di Sassonia che avvenne nella città di Crossen il 21 ottobre a seguito dell'incontro avuto fra il Wallenstein e l'emissario del duca sassone, Francesco Alberto di Lauenburg.

Nell'occasione venne stilato il primo approccio di trattato fra l'impero e la Sassonia incline da tempo alla pace con Ferdinando II.

Wallenstein propose subito un'unione delle due armate allo scopo di scacciare, diceva, l'usurpatore dalle terre imperiali e tedesche, in cambio suggeriva il ristabilimento dello *status quo* al *tempore Rudolphi et Matthiae*. Stanco e con la gotta che lo tormentava, Wallenstein aveva perso la lucidità sufficiente a capire che entrambi i destinatari di questo tipo di accordo non ne avrebbero individuato motivi di sufficiente soddisfazione.

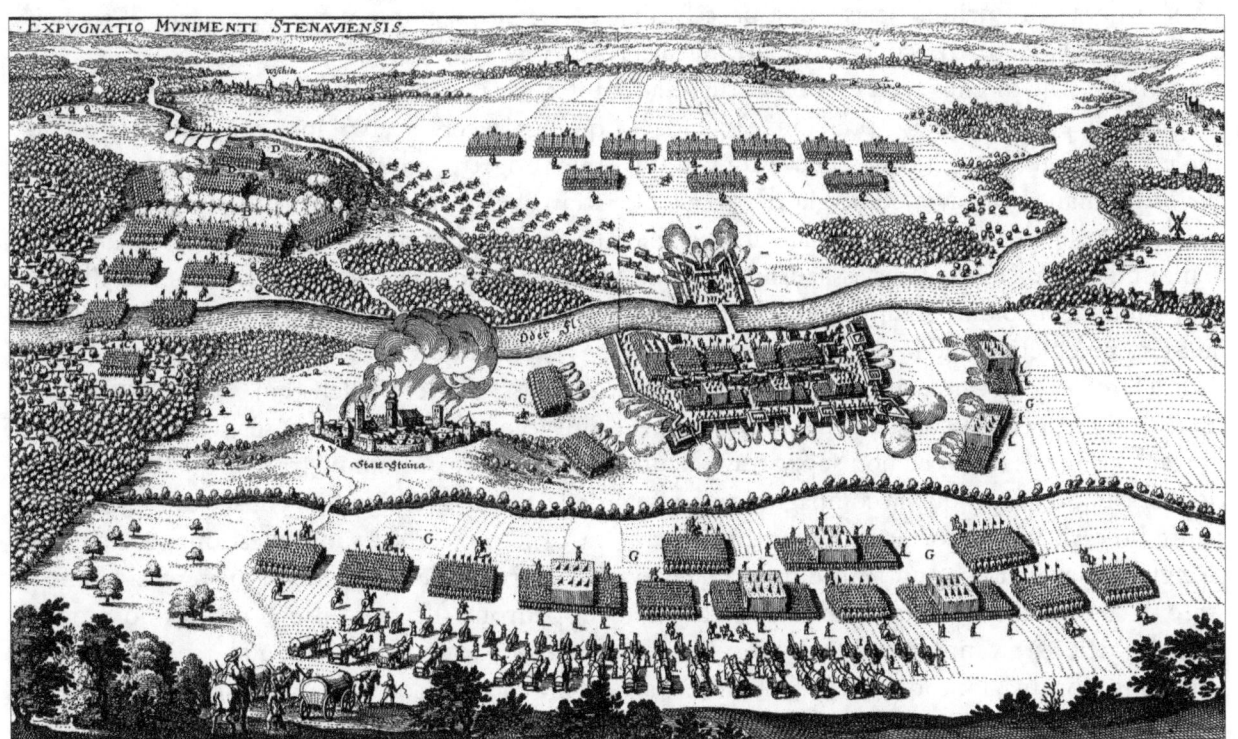

▲ *La battaglia di Steinau in Slesia, ultima vittoria del Wallenstein. M.Merian da Theatrum Europaeum (Collezione dell'autore)*

Gli elettori protestanti non si potevano fidare di assegnare le loro truppe al logoro generalissimo, e per contro a Vienna non si voleva sentir parlare di ritorno allo status quo del 1618.

Così passarono le ultime settimane dell'anno nella infondata speranza da parte del duca di Friedland di veder apparire all'orizzonte le colonne militari dei principi elettori che venivano a porsi sotto il suo comando. L'elettore del Brandeburgo fu il primo a stigmatizzare tale proposta definendola robetta da bambini. Più diplomatici i sassoni tergiversarono dicendo che i tempi non erano ancora maturi e facendo nel contempo capire che insomma la battaglia di Steinau non rappresentava certo la loro Breitenfeld. Intanto il tempo lavorava contro Wallenstein, il freddo inverno si avvicinava obbligandolo a pensare a dove porre i quartieri e la scelta cadde sulla città di Pilsen nella sua Boemia.

L'ASSASSINIO DI WALLENSTEIN

Wallenstein non credeva più alla guerra, desiderava, in primis per se, una pace forte e duratura. Da sempre poco avvezzo all'offensiva attiva nello stile di Gustavo Adolfo, abituato ad ottenere di più con decise pressioni psicologiche e a stare su *la defesa* come amava dire in un curioso italiano. Tuttavia come già detto, aveva perso il suo smalto ed insieme il suo carisma, già ai minimi termini a corte, ma assai usurato anche fra i suoi stessi soldati sempre più scontenti di quest'uomo colerico che li obbligava, fra le altre cose, a fare stragi di cani e di gatti prima di entrare in ogni città con il consueto immenso corteo di regali carrozze, dato che non sopportava alcun tipo di rumore. Ovunque accompagnato da una salute precaria che lo tormentava continuamente e gli regalava faticose notti insonni. In questo stato di cose tutte le sue manovre politico-diplomatiche del 1633 vennero dai più interpretate come insubordinazione o celato tradimento al fine di conservare a sé un potere che non deteneva più. Il più noto ed eclatante di questi fu il ten-

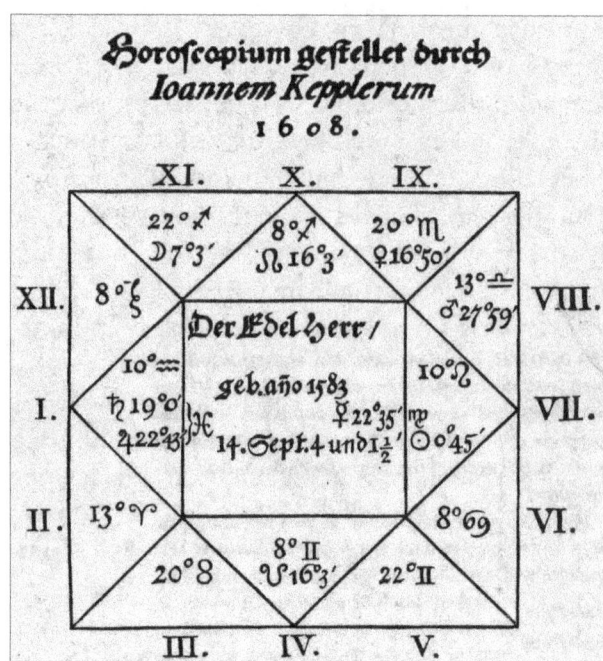

▲ *Copia dell'oroscopo di Wallenstein "scritto" da Keplero*

tativo fatto a maggio. Un oscuro negoziato teso a proporre una fattiva alleanza ai suoi nemici cui chiedere in cambio per se la corona di Boemia, a maggior ragione, pensava, ora che il principe Federico del Palatino era deceduto.

I francesi attraverso l'abile ambasciatore Feuquières, fecero avere il loro consenso ed avvallo a tale progetto, ed in dicembre pare che il Wallenstein avesse deciso in tal senso. Contemporaneamente la notte di San Silvestro a Vienna si prese la decisione che bisognava finalmente liberarsi del generalissimo. Scattò quindi quella complessa operazione che avrebbe portato in febbraio all'assassinio del Wallenstein.

Sull'argomento sono stati scritti fiumi di testo, poesie, libri e drammi fra cui quello notissimo dello Schiller. Gli archivi conservano un'enormità di lettere e tesi sulla questione, tuttavia per buona parte della vicenda il mistero la fa ancora da padrone. Le ragioni che portarono a questa decisione possono comunque ragionevolmente essere ricondotte all'esasperazione che covava a Vienna nei confronti di questo esoso, borioso ed irascibile individuo che a fronte di iperboliche spese militari, di pendenti debiti territoriali e di politiche di cui menava legittimo reclamo, non aveva concluso granché. Non aveva aiutato la Baviera tuttora tormentata dagli eserciti guidati da Bernardo di Sassonia Weimar. Aveva perso Ratisbona, operava oscure trame e per di più era inviso a Madrid dove si progettava una offensiva su vasta scala che non prevedeva la presenza del generalissimo boemo. Infine egli aveva preteso, nel gennaio del 1634 un formale giuramento di fedeltà nei suoi confronti da parte dei suoi sottoposti. I già numerosi detrattori presenti a Vienna non ebbero a questo punto grosse difficoltà a convincere un Ferdinando all'inizio recalcitrante. Fu così che nel febbraio di quel tragico 1634 l'imperatore Ferdinando II d'Asburgo promulgò l'ordine segreto di arrestare il suo generalissimo. Conscio della difficoltà operativa di tale ordine,

spuntò l'opzione un po' *western* di catturarlo vivo o morto. Alla sua numerosa pletora di confessori gesuiti fu rivolta, ma non c'è n'era bisogno, la richiesta di inviare sentite e solerti preghiere all'Altissimo al fine di favorire un esito positivo alla triste vicenda che andava ad aprirsi.

Ferdinando II per la verità aveva fatto un ultimo tentativo di dialogo nel dicembre precedente, chiedendo e quasi supplicando al suo generalissimo di stemperare il più possibile le sue onerose richieste finanziarie, ma Wallenstein forse in maniera imprudente rifiutò. Più probabilmente egli aveva fiutato che la terra sotto i suoi piedi stava per così dire diventando tellurica ed era ormai parimenti diffidente. Sapendo che il tempo era poco cercò quindi di concludere il prima possibile un accordo con gli elettori protestanti.

Arnim si recò personalmente da Giorgio Gu-

▲ *Wallenstein lascia Pilsen per il suo ultimo viaggio verso Eger. Tela di Karl Von Piloty (1861). Museo cittadino di Cheb (Eger)*

glielmo di Brandeburgo per sollecitare il progetto, questi però diffidando del generale boemo riferì che avrebbe preferito un accordo diretto con l'imperatore. Tuttavia l'otto febbraio accettò anch'esso di dividere le sorti con quelle del collega di Sassonia. Nel frattempo il Wallenstein recide le ultime corde che ancora lo legavano a Vienna con il noto atto di Pilsen del 12 gennaio, attraverso la nota cerimonia del giuramento di fedeltà sottoscritto dai suoi colonnelli.

A Vienna vennero intanto affidati ufficialmente gli incarichi della questione agli "italiani" Piccolomini e Gallas, entrambi già ipocriti sottoscrittori del giuramento di Pilsen. Questi due vennero sollecitati a prendersi carico dell'eliminazione del Wallenstein. Cosa non facile visto che oltre

alla difficile impresa di togliere di mezzo lo scomodo personaggio, si doveva far di tutto per conservare l'integrità e la fedeltà del suo esercito alla causa cattolica. La situazione si faceva ogni giorno più incandescente, il dolorante Wallenstein nel suo letto di malato a Pilsen era impaziente di vedersi raggiungere il prima possibile da Arnim con buone notizie per lui.

Il 18 febbraio attraverso un decreto imperiale si ordinava a tutti gli ufficiali dell'esercito che il nuovo comandante in capo era Matteo Gallas.

Il 20 Wallenstein sentiva che il suo esercito gli stava fuggendo di mano, e ad un secondo giuramento richiesto nell'occasione quasi nessuno dei suoi ufficiali volle metter la propria firma.

Pensò quindi di rifugiarsi a Praga, ma informa-

▲ *"Fumetto" del tempo di Matthäus Merian che riassume la terribile notte dell'assassinio di Wallenstein*

▲ *La stanza dell'assassinio, oggi museo Wallenstein a Eger, l'attuale Cheb in Boemia. Foto dell'autore*

to che la capitale boema parteggiava per l'imperatore cambiò parere e optò per la più vicina Eger dove si portò il 21 febbraio con l'idea di avvicinarsi a Bernardo di Sassonia Weimar per cercare di intavolare un ultimo disperato tentativo di accordo che lo togliesse dalla sua pericolosa situazione. Gli uomini più vicini che ebbe in questa fase furono i suoi fedeli luogotenenti Adam Trzka e Cristiano Ilow. Con essi e con un migliaio di uomini Wallenstein si avviò alla cittadina di Eger; per strada si unì a loro un piccolo contingente guidato dal colonnello Walter Butler. Giunti a Eger il 24 febbraio furono ricevuti dai comandanti locali, due protestanti scozzesi al soldo imperiale: Gordon e Lesley.

Questa diversione su Eger spiazzò l'antico piano del Piccolomini di circondare con truppe fedeli il Wallenstein in Pilsen, così che l'incarico di uccidere il duca venne in qualche modo trasmesso proprio ai tre colonnelli presenti a Eger: Gordon, Butler e Lesley che casualmente si trovarono investiti di questo pericoloso azzardo.

Da buoni mercenari, e sostanzialmente più vicini all'imperatore che al loro vecchio comandante erano ben consci di poter incassare un lauto riconoscimento e si attivarono immediatamente per concludere la faccenda. Fu quindi organizzata una cena nella casa del colonnello Gordon alla quale parteciparono i luogotenenti di Wallenstein: Trzka, Ilow e Kinsky oltre ad altri ufficiali. Nel bel mezzo della cena ad un segnale convenuto irruppero nella stanza diversi robusti dragoni irlandesi che ebbero facilmente ragione degli sfortunati ospiti. Solo il massiccio Trzka riuscì a svicolare nel cortile dove incappò in un manipolo di moschettieri che gli chiesero la parola d'ordine. Questi rispose *"San Giacobbe"* i moschettieri allora al grido di *"casa d'Austria"* massacrarono anche il povero Trzka.

Era ora la volta di Wallenstein, del quale si occupò un altro irlandese, il capitano Devereux. Questi raggiunta la casa del borgomastro di Eger dove aveva trovato alloggio il duca, salì di corsa le scale insieme ad un manipolo di soldati e sfondato a calci la porta della camera da letto del Wallenstein, lo trovò vicino alla finestra in camicia da notte ed ancora prima che questi riuscisse a mormorare qualcosa di comprensibile si trovò prima apostrofato degli insulti di furfante e traditore e subito dopo trafitto malamente da una

113

pesante alabarda che lo uccise immediatamente. A questo punto un gigantesco soldato tentò di buttarne il cadavere ancora caldo dalla finestra in perfetto stile notte di San Bartolomeo, ma il capitano Devereux lo trattenne ed avvolse il corpo in un pesante tappeto con il quale venne poi trascinato fuori con la povera testa penzolante che sbatteva su ogni gradino della scala e quindi riunito con gli altri cadaveri al vicino castello.

Fu quasi un miracolo che una tale mattanza non provocò disordini fra i suoi soldati, che salvo rari casi si professarono subito fedeli all'imperatore. Curiosamente Wallenstein venne ammazzato da soli soldati mercenari anglosassoni, solitamente più propensi a militare nelle armate protestanti. Comunque questi sicari vennero lautamente ricompensati e festeggiati al loro arrivo a Vienna. Bernardo di Sassonia Weimar diffidente non aveva voluto credere all'accordo e quindi non si mosse, o comunque non ebbe il tempo di far nulla, ed anzi la sua relativa vicinanza fu fra le cause principali dell'uccisione del Wallenstein che fino all'ultimo si pensava invece di poter catturare vivo. Prevalse invece il timore di una imminente sortita svedese su Eger che consigliò ai congiurati il suo rapido assassinio.

IL DOPO WALLENSTEIN

Con una rapida congiura l'impero si era così liberato dell'uomo che più di ogni altro aveva reso servizi preziosi alla causa cattolica. Fu però propria la sua crescente e smisurata potenza che ne provocò la repentina caduta, dimostrando che non potevano coesistere due forti potere centrali, quello politico e quello militare.

I trattati di Gollersdorf avevano di fatto riconosciuto due autorità uguali. Una delle due era destinata a soccombere, e a quel punto venne sconfitta la parte meno storica a vantaggio di quella fazione consacrata da una tradizione secolare.

Va detto che probabilmente il Wallenstein non pensò mai seriamente ad un'alleanza con i nemici svedesi o francesi. Quasi certamente egli voleva

▲ *Ritratto del Wallenstein nel 1620. Tela di anonimo*

ingannarli avendo assai più a cuore una riconciliazione strategica con i principi tedeschi di qualsiasi religione fossero. In definitiva la sua colpa più grave fu quella di forzare la mano all'imperatore e di costringerlo ad una pace di compromesso. L'imperatore dopo il delitto si mostrò generoso nel disporre di una clemenza gratuita.

Le famiglie dell'assassinato non ebbero a subire conseguenze gravi, o non tali che non potessero sopportare. Il corpo del loro defunto fu loro riconsegnato. Ordinò poi ben tremila messe a suffragio dei caduti della notte di Eger.

Ferdinando II si preoccupò parecchio non solo di non apparire, ma anche di non sentirsi nell'intimo il vero responsabile principale della carneficina, il reale mandatario dei sicari.

La prima risultante politica fu la nomina del figlio dell'imperatore, il ventiseienne Ferdinando III re d'Ungheria a comandante in capo degli eserciti imperiali coadiuvato tecnicamente da Matteo Gallas e da Ottavio Piccolomini, entrambi premiati per la fattiva azione avuta nell'assassinio del loro vecchio comandante.

Felice era anche il duca Massimiliano di Baviera, zio del giovane Ferdinando in quanto figlio della sua defunta sorella Maria.

LA CAMPAGNA DEL 1634

Alla morte del generalissimo le armate protestanti occupavano grosso modo le stesse posizioni del 1633. Vale a dire Bernardo in Franconia, Horn ad ovest in Svevia, il duca Giorgio di Brunswick Lunebourg in Westfalia, Arnim in Sassonia, Baner in Slesia e altri contingenti lungo il Reno. Di questi gli sconcertati sassoni erano i meno attivi, dato che erano in procinto di siglare una pace separata. Le armate cattoliche per contro erano assai più concentrate, ed a parte sparsi contingenti in Westfalia, Slesia e Boemia, essi occupavano saldamente il bacino danubiano. L'armata principale sotto la guida del nuovo comandante Ferdinando d'Ungheria stanziava attorno a Pilsen, nella Boemia sud-occidentale con circa 30.000 uomini equamente divisi fra fanti e cavalieri e parecchi pezzi d'artiglieria.

In Baviera cooperavano l'armata del duca guidata dall'Aldringer circa 10.000 fanti e 7.000 cavalieri più i resti decimati di quello che fu l'esercito del Feria, circa 5.000 uomini. Ma il vero rinforzo stava arrivando da Milano: un forte e fresco contingente spagnolo composto da 13.000 uomini guidati dal Cardinale Infante. Tuttavia il primo colpo venne messo a segno da colui che sembrava dovesse starsene più tranquillo: il generale Arnim diede una batosta ai pochi imperiali rimasti in Slesia dopo la fuga del Wallenstein, sconfiggendo ai primi di maggio uno sconcertato Colloredo a Liegnitz. Ferdinando d'Ungheria fattosi raggiungere dall'Aldringer si portò in prossimità di Ratisbona. Bernardo di Sassonia Weimar cercò di ostacolare l'approccio facendo fronte alle truppe del Gallas sulle rive del fiume Regen, ma la superiore artiglieria imperiale decise la giornata. Horn non volle o non poté correre in aiuto di Bernardo che non aveva soldati sufficienti per contrastare il più numeroso esercito imperiale. Si accontentò quindi di rinforzare la guarnigione di Ratisbona forte ora di 4.000 uomini e di cercare di rimanere in zona per ostacolare il più possibile le manovre ossidionali alla grande

città. Per tutto il mese di giugno e buona parte di luglio continuò l'assedio. Nel frattempo finalmente Horn raggiunse Bernardo ad Augusta il 12 luglio. Ora l'esercito svedese era sufficientemente robusto per affrontare il nemico e pertanto esso prese la via per Ratisbona. Il 20 gli svedesi misero l'assalto alla città di Landshut espugnandola. Nell'operazione il generale imperiale Aldringer trovò la morte mentre tentava di rallentare la ritirata delle sue truppe. Il 26 luglio comunque fu un giorno festoso per l'imperatore, Ratisbona era stata riconquistata da suo figlio e le truppe svedesi non avevano potuto evitare la grossa perdita. La presa di Ratisbona fu un'immensa iniezione di morale per tutta la fazione cattolica.

Per Oxenstierna quelle furono invece giornate infauste, e di peggiori se ne stavano preparando, mentre la Francia cercava di approfittare della situazione inserendosi sempre più marcatamente nella politica tedesca sfruttando le difficoltà svedesi. L'abile ambasciatore Feuquières propose un sostanzioso aumento del proprio contributo in denaro in cambio della piazzaforte di Philippsburg sulla riva destra del Reno.

Il degradare della situazione costrinse infine la lega di Heilbronn ad accettare il soldo francese per Philippsburg, e l'accordo venne firmato il 26 agosto. Intanto le armate svedesi tornarono quindi a dividersi convenientemente: Horn si pose alle calcagna del cardinale Infante, Bernardo rimaneva sul Danubio ma fu presto costretto ad abbandonare anche Donauworth.

La crisi svedese stava maturando, e con una rapida conversione Bernardo si ricollegò con il generale Horn ad Ulm il 16 agosto, mentre un attivissimo ed eccitato Gallas pose l'assedio anche all'importante piazzaforte di Nordlingen. Bernardo pensò di cogliere al volo l'occasione e di investire con i due eserciti riuniti le truppe imperiali impegnate nell'assedio portandosi in zona, qualche miglio a suo ovest della cittadina. Gli svedesi erano poco più di 16.000 uomini cui andavano aggiunti gli uomini impegnati nella guarnigione di Nordlingen.

GUSTAV KARLSOON HORN 1592-1657

Horn nasce a Orbyhus vicino a Uppsala. Riceve un'educazione scolastica in terra tedesca a Rostock, Jena e Tubinga prima di intraprendere la carriera militare con Gustavo Adolfo che aveva molta stima di questo suo soldato. Nel 1625 conquista la città di Dorpat divenendo poi comandante in capo delle truppe svedese-finlandesi in Livonia. Nel 1630 fa parte della spedizione svedese che sbarca a Rugen e lo stesso anno si distingue conquistando la fortezza Kolberg. E' alla conquista di Francoforte sull'Oder, e nella battaglia di Breitenfeld ha il comando dell'ala sinistra. Dopo la morte di Gustav Adolfs a Lützen, assiste con un certo sconcerto e delusione al fatto che la direzione militare dell'esercito svedese passa a Baner e a Bernardo di Sassonia Weimar, mentre il suo suocero Oxenstierna prende in mano le redini politiche. La rivalità con il Weimar, che gli ha sottratto il comando sull'armata svedese in Germania, fu una delle cause principali della sconfitta dei protestanti nella battaglia di Nördlingen il 6 settembre 1634, che ha significato la fine del predominio svedese in Germania. Horn in quella occasione aveva sconsigliato vivacemente di accettare battaglia con nemici più numerosi. Per colmo di sventura Horn venne anche fatto prigioniero, e dovette attendere per ben otto anni la sua liberazione avvenuta grazie ad uno scambio con il generale di cavalleria imperiale Johann di Werth, e final-

Ill. et Gen. Heros Dn. Dn. Gustauvs Horn. heredit. in Heringa et Malla Equ: Sac. Reg. Mtis Reg: Sueciæ Cons. Intimg Eiusdemq. Suprem. Milit: Præfectg. ac Marescallus.

mente nel 1642 fa ritorno in Svezia. Nel 1644 è di nuovo al comando di un esercito in appoggio al generale Torstenson, ed insieme sconfiggono i danesi costringendoli alla pace di Brömsebro. Mantiene importanti cariche e riconoscimenti anche sotto i successivi sovrani di Svezia: Cristina e Carlo X. Nel 1654 diviene presidente del collegio di guerra e promosso a maresciallo reale, oltre che governatore della Livonia e della regione dello Skane. Muore il 10 maggio del 1657.

Gallas comandava 13.000 imperiali e 6.000 bavaresi. Le armate contrapposte persero diversi giorni in schermaglie di disturbo e alcune sortite permisero il rinforzo di circa 300 moschettieri dell'Horn che si infilarono nella città assediata.
La sera del 3 settembre arrivò sul posto l'intero esercito spagnolo con il suo comandante il Cardinale Infante aumentando in maniera sensibile il divario di forze fra le due compagini.
Nella notte si tenne un consiglio di guerra fra i due comandanti dell'esercito svedese. Horn pru-

dentemente suggeriva la ritirata, ma l'impetuoso Bernardo invocava lo scontro, voleva porre fine al ciclo negativo della campagna. Argomentò che truppe di rinforzo provenienti dal Reno erano a pochi giorni da Nordlingen, e giunse a stigmatizzare di codardia il suo collega.
Aveva già perso due città, ed una terza che avevano sotto il naso rischiava la stessa fine. La credibilità e la reputazione di invincibilità svedese rischiava di venire distrutta. Si optò per l'attacco, l'indomani sarebbe stata battaglia.

LA BATTAGLIA DI NORDLINGEN

L'armata protestante presente a Nordlingen era composta da cinque contingenti: quello principale del Sassonia-Weimar, quello di Horn più i contingenti Cratz e Schaffelitzky e le truppe del Württemberg per un totale di 16.000 fanti e 10.000 cavalieri con un supporto di 70 pezzi d'artiglieria. I comandanti congiunti erano Bernardo e Horn. Quando Gustavo Adolfo era in vita era solito dire che Oxenstierna e Horn erano i suoi bracci destro e sinistro. Fra l'altro i due servitori di Gustavo erano anche parenti (Horn era il genero del cancelliere).

Soldato esperto e stimato non nutriva tuttavia grande simpatia nei confronti di Bernardo che sprezzantemente ricambiava citando spesso la sua opinione che un principe tedesco valesse dieci nobili svedesi. Nell'armata imperiale i due comandanti titolari erano gli omonimi cugini Ferdinando d'Asburgo. Sul fronte austriaco però a dirigere i soldati erano i due esperti "italiani" Gallas e Piccolomini. A coadiuvare il Cardinale Infante era invece il generale Diego Felipe de Avila de Guzman, duca di Sanlucar e marchese di Leganes (*noblesse* ispanica). Chiudeva la terna di generali imperiali il duca Carlo IV di Lorena che intendeva vendicare le sconfitte recentemente subite dai suoi nemici francesi e svedesi.

Tatticamente le disposizioni delle truppe riflettevano le tradizioni nazionali: agili e moderni battaglioni inquadrati in brigate nelle armate protestanti, l'antiquato e pesante tercio nelle fila spagnole ed una via di mezzo, simile a quella già adottata a Lutzen la formazione assunta dai soldati imperiali e bavaresi.

Ho spesso visitato il terreno di Nordlingen e ho potuto constatare di persona che la natura del luogo non era la più adatta a scontri campali con così tanti soldati impegnati. La zona è posta a sud della bella cittadina ancora oggi circondata da un'integra cortina di mura, ed è un insieme continuo di dolci colline fitte di boschi, alte a sufficienza di togliere la vista all'orizzonte immediato, tuttavia queste colline degradano avvicinandosi al profilo della città di Nordlingen.

In questa zona semi piana con stramba disposizione a 3 rovesciato da nord a sud era disposta l'armata imperiale e spagnola per un fronte di 4 chilometri terminante nella collina di Allbuch e

▲ *Il terreno dello scontro di Nordlingen. Foto dell'autore*

▲ *I due Ferdinando a Nordlingen in posa celebrativa. Ex voto coevo. Tela di Cornelis Schut*

con alle loro spalle proprio in centro una bassa collina chiamata Schonefeld; mentre alla loro destra stavano le opere ossidionali montate per espugnare la piazzaforte. Di fronte a loro disposti ad arco i soldati protestanti, parte in piano nella valle fra le colline e in parte di fronte alla collina di Allbuch. I generali svedesi intuirono immediatamente l'importanza strategica dei due crinali che nella notte avevano ricevuto importanti migliorie difensive. Infatti vennero riempite di cannoni in postazioni fisse da parte delle truppe del Gallas la collina di Allbuch e da parte spagnola la collina più arretrata. Bernardo ed Horn consci della inferiorità numerica, ma fiduciosi nella migliore qualità delle proprie truppe, che per la verità: stanche, affamate e malate non se la stavano passando bene in questa fase della guerra, decisero di tentare l'assalto alle colline senza aspettare i preziosi rinforzi dei contingenti del Reno. Una volta catturato i due rilievi pensavano avrebbero avuto l'esercito nemico "circondato" fra loro e la guarnigione di Nordlingen che in verità era ben poca cosa. Horn avrebbe investito Allbuch nel tentativo di strapparla al nemico, mentre Bernardo avrebbe dovuto tenere a bada il grosso dell'armata nemica sulla sinistra.

La parola d'ordine scelta era la fiduciosa "*Gott mit uns*" (Dio è con noi). La mattina del 6 settembre 1634 iniziò la battaglia di Nordlingen da parte di un massiccio bombardamento svedese sulle posizioni trincerate di Allbuch, mentre i battaglioni di fanteria svedesi in parte protetti dalla fitta boscaglia si avvicinarono alle linee nemiche.

Congiuntamente Bernardo si portava nella valle allo scopo di fronteggiare gli avversari ed impedire loro di correre in aiuto dei difensori della collina investita dall'Horn. Tuttavia la folta vegetazione, il terreno ondulato e non ultima la gelosia che correva fra i due comandanti protestanti non favorì l'attacco congiunto, frazionandone invece la battaglia in diversi scontri slegati.

La manovra d'investimento di Allbuch da parte del generale Horn si rivelò troppo lenta e fortemente ostacolata dal fango di fondo valle e dalle mirate cannonate del Gallas. Tuttavia verso le 7.00 del mattino gli svedesi raggiunsero il declivio della collina che venne così investita dalla cavalleria prima e dalla fanteria svedese poi ribaltando erroneamente gli ordini precisi dati da Horn. Il loro valore e la fama di soldati invincibili fece la differenza e la collina cadde in mani svedesi a prezzo però di numerose perdite causate da una forte esplosione della santabarbara dei pezzi imperiali che investì in pieno i battaglioni

▲ *La battaglia di Nordlingen del 1634 nella superba incisione del Merian da Theatrum Europaeum (Collezione dell'autore)*

svedesi che pose in disordine i soldati e fornì il fianco ad un corposo contrattacco imperiale eseguito da manuale da un pesante tercio spagnolo prontamente inviato dal Cardinale Infante.

Questi ributtò gli svedesi sulle posizioni di partenza rioccupando la collina. Horn tentò a sua volta un contrattacco e la collina passò di mani diverse volte nella mattinata ma alla fine rimase in saldo possesso degli imperiali.

Nel contempo le truppe del Sassonia-Weimar e l'ala destra imperiale si scrutavano a distanza scambiandosi nutriti tiri d'artiglieria, con gli svedesi che non osavano tentare un attacco generale. Mentre l'indomito Horn correva come una furia avanti e indietro lungo il suo fronte nel tentativo di recuperare le posizioni, sempre subendo numerose perdite. Vennero contati ben 15 assalti che gli spagnoli respinsero sempre con grande disciplina e ottimo addestramento. Era la rivincita dei Tercio che nel frattempo avevano adottato tattiche più moderne nell'uso del fuoco dei moschettieri. La pressione imperiale cresceva intanto lungo tutto il fronte, il loro vantaggio numerico, i loro ufficiali motivati e l'euforia dei due Ferdinando che insieme gestivano la battaglia dall'alto di una collinetta decisero che era giunta l'ora di un attacco su tutta la linea.

La prima ad essere investita fu la posizione tenuta dal Thurn che costituiva l'anello di congiunzione fra le armate dell'Horn e quelle di Bernardo.

Alle 9.30 le truppe di Thurn erano senza speranza, gli imperiali avanzanti all'urlo di *Viva Espana* procurarono loro le perdite più pesanti dell'intero scontro. Alle 10.00 anche Horn aveva completamente esaurito ogni velleità offensiva e decise di ripiegare sulle colline retrostanti.

Bernardo rimase solo a contenere la furia dell'assalto nemico ma non poté resistere a lungo, ad un certo punto i suoi uomini furono presi dal panico ed iniziò il fuggi fuggi generale che venne a formare una indescrivibile confusione nella quale uomini e cavalli si calpestarono a vicenda ren-

▲ *Bastone di comando di Ferdinando III futuro imperatore*

dendo la via di fuga sempre più stretta e caotica. Incalzati da vicino dalle euforiche truppe imperiali molti di essi caddero prigionieri, e fra essi anche il generale Horn che poi languirà in galera fino al 1640, concludendo la sua carriera militare nella guerra contro la Danimarca del 1644.

Bernardo perse diversi cavalli sotto la sua sella, ma riuscì ad allontanarsi dal campo di battaglia con lo stato d'animo che possiamo bene immaginarci. La stella degli Asburgo tornava a risplendere nel sorriso dei due nuovi rampolli imperiali, che parchi del successo offrirono termini di resa assai onorevoli alla guarnigione di Nordlingen che non ebbe a subire alcuna persecuzione.

Per il resto fu la giornata più nera dell'esercito svedese, che fece crollare ai minimi le quotazioni di invincibilità già guadagnate a Breitenfeld; la grande vittoria di Gustavo Adolfo che apparve allora così lontana. Le perdite danno una chiara

MATTEO GALLAS DUCA DI LUCERA 1584-1647

Maresciallo di Campo e Duca di Lucerna, destinato a germanizzare il nome in Matthias Gallas, appartenente ad una delle più vecchie e ricche famiglie della diocesi di Trento, iniziò la sua carriera militare come semplice soldato al servizio austriaco. Divenne poi colonnello sotto il Tilly combattendo a Stadtlohn nel 1623. Negli anni 1629 e 1630 il suo contributo fu essenziale nella spedizione che porterà alla conquista di Mantova insieme con il collega e amico Aldringer. Quindi con il grado di generale, fu al servizio dell'esercito comandato da Wallenstein (in seguito contribuì attivamente al complotto per assassinarlo e quindi prenderne il posto, ed in buona parte anche i feudi), dimostrò più volte il suo valore ed intelligenza militare combattendo ad Alte Veste e a Lutzen.

Ottimo artigliere. La grande vittoria di Nordlingen lo riempì di gloria. Diventato molto ricco, Gallas lasciò libero corso ai suoi difetti: in quei tempi in cui tutta l'Europa versava nella miseria più nera, egli beveva, si rimpinzava e dava sfogo alle sue turpi voglie in maniera indecorosa mentre i suoi soldati pativano la fame e le malattie. Successivamente fu impegnato in Lorena dove subì alcuni rovesci, che si ripeterono ancor più nelle campagne militari sostenute contro il Banér nel 1636-38. Rovesci che gli costarono il posto venendo rimosso dal comando.

Nel 1645 riaffronterà gli svedesi dopo la catastrofica sconfitta di Jankau. Questa fu la sua ultima campagna, ritiratosi, morirà due anni dopo a Vienna. Il suo esercito si guadagnò la reputazione di essere la forza più crudele e devastante dell'intera guerra dei trent'anni. I suoi meriti nelle varie battaglie, l'avevano reso il favorito agli occhi di Ferdinando II, Imperatore del Sacro Romano Impero, che gli donò numerose proprietà e titoli. Da lui ebbe origine la famiglia austriaca dei Clam-Gallas, che finirà col fornire molti validi soldati all'esercito imperiale.

idea della decimazione subita dagli eserciti protestanti: 8.000 caduti e migliaia i feriti, 4.000 prigionieri, ben 457 bandiere, 68 cannoni, tutto il bagaglio e i treni d'artiglieria e provianda. Gli imperiali lamentarono solo 1.500 morti e 2.000 feriti. Fra i prigionieri il citato Horn ma anche i generali Cratz e Rostein. Gran parte delle truppe, com'era d'uso, venne prontamente riarruolata nelle fila imperiali. Il Cardinale Infante spedì al fratello re di Spagna cinquanta stendardi strappati al nemico ed un'immagine della vergine madonna trovata con gli occhi cavati!

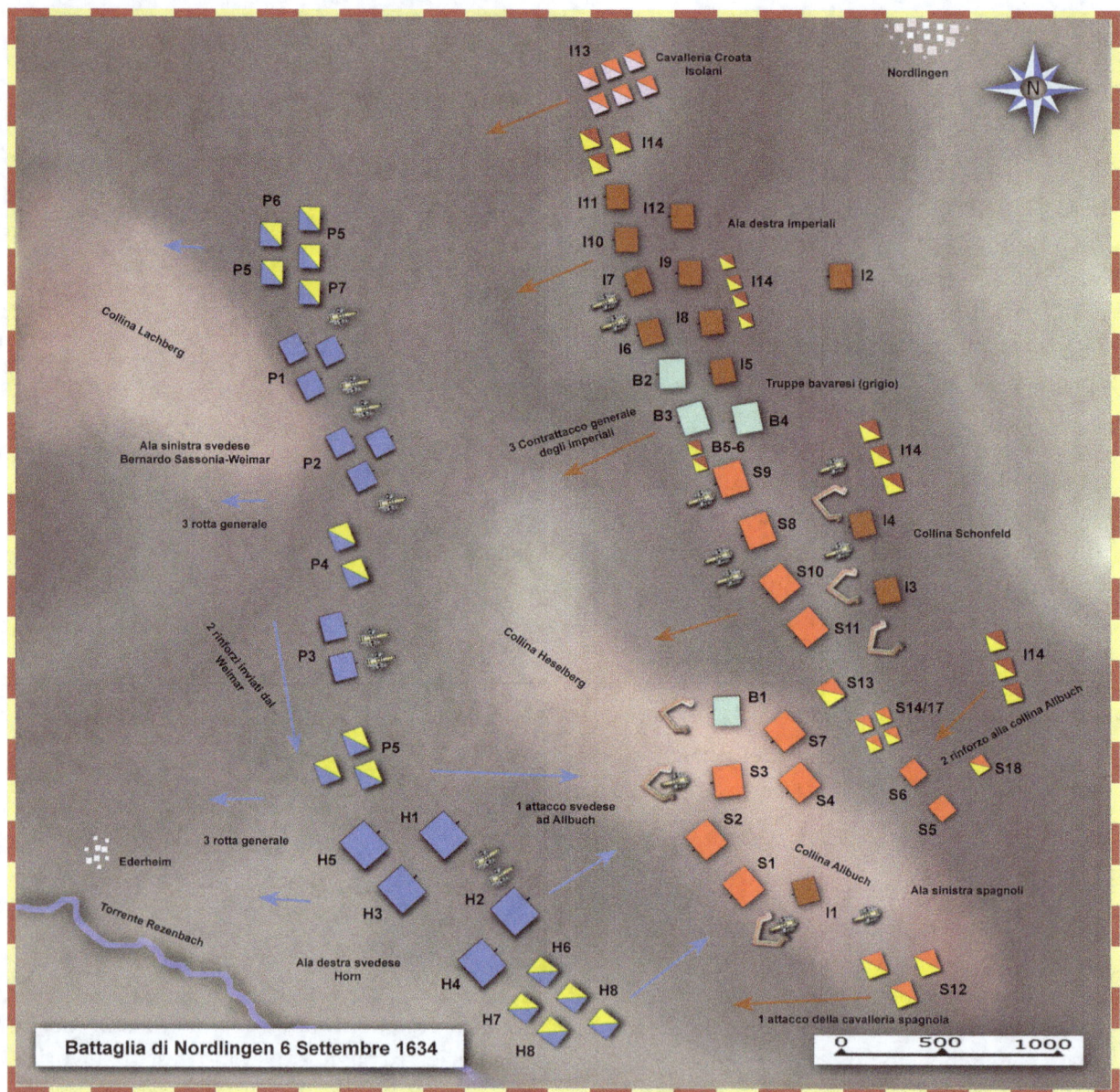

Battaglia di Nordlingen 6 Settembre 1634

LA BATTAGLIA DI NORDLINGEN 6 SETTEMBRE 1634

Disposizioni iniziali alla battaglia di Nordlingen

Truppe dell'esercito Imperiale: al comando di Ferdinando III re d'Ungheria e Ferdinando Asburgo (Cardinale Infante): Armata imperiale (generale Gallas) 5.450 fanti e 7.000 cavalieri

I1=Regg. Fanteria Leslie (IMP tedesco): 650

I2=Regg. Fant. re 'Ungheria (IMP austriaci):200

I3= Regg. Fant. Alt Breuner (IMP tedesco):500

I4= Regg. Fanteria Kehraus (IMP tedesco):500

I5= Regg. Fant.Tiefenbach (IMP tedesco):600

I6= Regg. Fanteria Beck (IMP tedesco): 300

I7= Regg. Fant. Bennian L. (IMP tedesco): 500

I8= Regg. Fant. Strassoldo (IMP italiani): 200

I9= Regg. Fanteria Suys (IMP valloni): 500

I10= Regg. Fant.Pallant-Moriame (IMP valloni): 500

I11= Regg. Fant.Neu Waldstein (IMP ted.): 500

I12= Regg. Fanteria Diodati (IMP italiani): 500

I13= Isolano cavalleria croata: 2000

I14=Cav. imp. (corazzieri e arch. a cav.): 5.000

Armata spagnola (generale Leganes) 12.500 fanti e 3.610 cavalieri.

S1= Tercio Idiaquez (spagnoli): 1.800
S2= Tercio Toraldo (napoletani): 750
S3= Tercio Panigarola (lombardi): 800
S4= Tercio Doria Guasco (lombardi): 1.100
S5= Regg. Salm (tedeschi): 750
S6= Regg. Wurmser (tedeschi): 750
S7= Tercio S.Severo (napoletani): 1.900
S8= Tercio Lunati (lombardi): 1.300
S9= Tercio Fuenclara (spagnoli): 1.450
S10= Tercio Torrecuso (napoletani): 950
S11= Tercio Cardenas (napoletani): 950
S12= Gambacorta (cor. nap.ol. e lombardi): 630
S13= La Tour (corazzieri Borgogna): 600
S14= Arberg (corazzieri Borgogna): 450
S15= cardinal Infante leib (corazzieri): 230
S16= Ayala (napoletani corazzieri): 700
S17= Florencia (lobardi corazzieri): 500
S18= Dragoni : 500

Contingente bavarese (Carlo di Lorena) 3.650 fanti e 3000 cavalieri

B1= Regg. Fanteria Fugger (tedeschi): 1.050
B2= Regg. Fanteria Pappenheim (tedeschi): 1.000
B3= Regg. Fanteria Ruepp (tedeschi): 1.100
B4= Regg. Fanteria Buck (tedeschi): 500
B5= Cavalleria (corazzeri e arch.a cav.) : 2.500
B6= dragoni: 500

Totale forze cattolico-imperiali: 21.600 fanti, 13.610 cavalieri. e 140 cannoni per complessivi 35.210 uomini.

Truppe Svedesi e alleati tedeschi: al comando di Bernardo di Sassonia-Weimar e Gustav Horn la composizione etnica dei protestanti era assai variegata con pochi svedesi e scozzesi ed il resto soprattutto tedeschi:

Ala sinistra (Bernardo)
P1= Brigata Bernardo: 1.250
P2= Brigata Thurn : 1.250
P3= Brigata gialla : 1400
P4= Bernardo leib (corazzieri): 500

▲ *Carlo IV duca di Lorena alleato dell'imperatore venne sconfitto da Horn a Pfaffenhofen ma si rifece a Nordlingen*

P5= Cavalleria (corazzieri): 3.900
P6= Taupadel (dragoni): 600
P7= Cratz (corazzieri) : 600

Ala destra (Horn)

H1= Brigata Scozzese: 1.700
H2= Brigata Pfuhl : 1.700
H3= Brigata Horn : 1.200
H4= Brigata Rantzau (generale Cratz) : 2.000
H5= Contingenti del Wurtemberg : 5.500
H6= Cavalleria leib (corazzieri) : 700
H7= Cavalleria (corazzieri) : 3.500
H8= Dragoni : 400

Totale Forze Svedesi e alleati tedeschi: 16.000 fanti, 10.200 cavalieri e 70 cannoni per complessivi 26.200 uomini.

La guarnigione di Nordlingen è stimabile a poco meno di un migliaio di armati, comprensivi dei moschettieri inviati a rinforzo dall'Horn.

▲ 1. *Cavaliere svedese del reggimento Smaland. 2. Ufficiale svedese del reggimento Suck. 3. Cornetta da cavalleria del contingente scozzese di Munro. 4 e 5. Bandiere del reggimento di cavalleria svedese Uppland. Tavola dell'autore*

LA PACE DI PRAGA

Gli effetti della grande battaglia di Nordlingen non comportarono la fine delle ostilità, né la sconfitta definitiva dei nemici di Ferdinando II, segnarono però la fine della supremazia svedese che fino al 1641 non si riebbe completamente. Oxenstierna non faceva più paura in terra tedesca. Ora si doveva rinunciare al frutto di molte delle conquiste gloriose in Franconia e nella Germania sud occidentale.

Il primo ad essere investito fu il Württemberg. Intanto, arrivati a questo punto le strade dei due cugini Asburgo si divisero lasciando al genio del Rubens l'onore di immortalare la gloria dei due Ferdinando a Nordlingen. Il Cardinale Infante doveva raggiungere la sua destinazione Bruxelles con le sue truppe allo scopo di ristabilire l'autorità ispanica in Olanda. Ferdinando d'Ungheria completò la liberazione di buona parte della Germania del sud occupando Norimberga, Wurzburg, Fulda, Hersfeld, Stoccarda e persino la ribelle Heilbronn, sede della lega protestante che cadde in mani cattoliche il 16 settembre.

Il neonato ducato di Franconia, appannaggio del Sassonia Weimar era finito miseramente ancora in tenera età. Politicamente questa sconfitta poneva su un piatto d'argento la direzione della causa protestante al cattolicissimo Richelieu.

Era in sostanza iniziato l'ultimo lungo atto di questo terribile conflitto alla luce di una rinnovata gloria spagnola che tuttavia ancora non sapeva che quella sarebbe stato l'ultima significativa vittoria prima del declino inesorabile.

L'inverno 1634-35 sarebbe stato l'ultimo periodo di relativa tranquillità prima dello scontro aperto fra Borboni e Asburgo.

Ma ora il momento era raggiante, ai nemici rimaneva solo Augusta, Heidelberg, Strasburgo e Magonza dove si era nel frattempo riunito ciò che rimase della lega di Heilbronn. Dove non convennero certo i due elettori protestanti decisi più che mai a pacificarsi con l'imperatore.

Certo il ritardo sarebbe costato loro qualcosa, lo status quo del 1618 venne rimesso in discussione e sposato ad un più conveniente 1627 da un intelligente opportunista quale stava diventando il giovane re d'Ungheria che muoveva passi spediti in vista di un suo vicino passaggio di poteri con l'anziano imperatore e padre.

I trattati vennero iniziati verso la fine dell'anno nella bella città sassone di Pirna, già immortalata dal Bellotto. A Giovanni Giorgio di Sassonia vennero offerti generosi lasciti territoriali: la Lusazia, Magdeburgo e altri arcivescovati che andavano ad allargare i confini sassoni.

Amnistia per tutti tranne che per i boemi e per la famiglia dello scomparso elettore palatino.

In cambio Vienna chiedeva a Giovanni Giorgio di farsi passare i pruriti per le esigenze del mondo protestante tedesco. Era necessario restaurare una rigorosa autorità imperiale al fine di scongiurare gli stranieri dalle loro ambizioni in Germania. Ed in questo senso le proposte erano aperte a tutti i protagonisti del conflitto, e se tutti l'avessero allora immediatamente sottoscritto, oggi

▲ *Praga la capitale boema sede del trattato di pace del 1635. M. Merian da Theatrum Europaeum (Collezione privata)*

il termine pace di Westfalia non avrebbe alcuna traccia di se sui testi di storia.

Ma così non fu e molti invocarono il castigo divino sull'infido traditore: l'elettore di Sassonia, a cominciare dagli svedesi, dall'elettore palatino e finanche dal re d'Inghilterra.

Scontento era anche Arnim, il comandante dell'esercito sassone che tanto aveva brigato per la pace e l'alleanza con il Wallenstein, e che trovava questa nuova con gli Asburgo assai riduttiva e con il difetto di tagliare fuori gli svedesi contro cui si sarebbe d'ora in poi dovuto rivoltare contro. Agli accordi di Pirna fece seguito la tregua formale firmata a Laun il 28 febbraio del 1635.

In quella occasione Giovanni Giorgio di Sassonia si impegnò formalmente a tirare dalla parte imperiale anche il più diffidente elettore del Brandeburgo. I nemici intanto avevano problemi a cercare un valido comandante in capo.

Bernardo di Sassonia Weimar da buon opportunista si era per così dire messo sul mercato del migliore offerente allo scopo di alzare il suo appannaggio. Disse o finse di avere ricevuto offerte da parte sassone ed imperiale di mettersi al loro servizio, obbligando in questo modo i suoi vecchi datori di lavoro, cui si era unito anche Richelieu ad accontentarlo sulle sue richieste e nella primavera del 1635 egli diviene congiuntamente comandante in capo dell'armata francese in Germania e dell'esercito della lega di Heilbronn.

Pretendendo un'autorità assoluta in campo militare e politico nella conduzione della guerra.

Era nato un nuovo Wallenstein. Il tempo ora stringeva ed era venuto il momento di mostrare le carte sul tavolo. Richelieu strinse nuove alleanze con gli olandesi e rinnovò gli accordi con l'abile e suo degno collega svedese Axel Oxenstierna nel noto trattato di Compiègne ratificato il 30 aprile 1635. Era quindi giunta la fatidica ora di dichiarare formalmente guerra alla Spagna.

Il metodo scelto fu per la verità un po' arcaico e di antica etichetta.

Il 21 maggio, un araldo reale fu inviato a Bruxelles dove sulla piazza grande lesse formalmente la dichiarazione di guerra del re Cristianissimo Luigi XIII di Francia al collega di pari religione Filippo IV di Spagna.

Il pretesto ufficiale era la recente presa di Treviri da parte spagnola con la conseguente cattura del vescovo elettore già formalmente protetto dalla Francia. Nove giorni dopo venne solennemente firmata la definitiva pace di Praga.

Per convincere il recalcitrante elettore del Brandeburgo, tramite l'eletore Girgio di Sassonia, gli venne offerta l'assegnazione della intera Pomerania, e a Berlino si discusse per mesi sulla decisione da prendere, se accettare o meno.

Per contro Oxenstierna fece l'impossibile per trattenere Giorgio Guglielmo all'interno della alleanza con la Svezia, arrivando anch'egli a prospettare la cessione della Pomerania.

Alla fine il povero elettore tirato pesantemente per la giacca, aderì ai consigli del suo segretario Schwarzenberg che propendeva per la pace con l'imperatore e sottoscrisse anche lui la pace di Praga il giorno 6 settembre.

Massimiliano di Baviera vi aveva con poco entusiasmo già provveduto e con lui i duchi della Sassonia-Coburgo, quello del Württemberg, i langravi di Anhalt, Assia e Baden.

Firmò l'accordo persino il duca Guglielmo di Sassonia-Weimar fratello di Bernardo (con cui era in disaccordo) ed il vincitore di Oldendorf Giorgio di Brunswick Luneburg oltre a numerose città come Francoforte, Ulm, Spira e Worms.

Rimanevano soli fedeli alleati del cancelliere svedese il vecchio langravio Guglielmo d'Assia Il nuovo comandante in capo Bernardo di Sassonia Weimar e per fortuna loro anche la Francia di Richelieu e Luigi XIII.

Mentre in quei giorni terminava anche la tregua di sei anni con la Polonia cui avevano aizzato contro la Russia nella guerra detta di Smolensk, insomma un teatro tragicamente complesso.

FERDINANDO D'AUSTRIA (CARDINAL INFANTE) 1609-1641

Ferdinando d'Austria nasce all'Escorial vicino a Madrid nel 1609, figlio del Re di Spagna, Filippo III, e Margherita d'Austria, sorella dell' Imperatore Ferdinando II. Fratello minore di Re Filippo IV. Suo padre indirizzò il figlio cadetto ad intraprendere la carriera ecclesiastica, e nel 1619 egli divenne arcivescovo di Toledo, e poco dopo ricevette il titolo di Cardinale.

La denominazione con cui divenne più noto, quella di Cardinale-Infante era una combinazione del suo titolo di Cardinale ed il suo titolo di Principe (Infante in spagnolo) della Spagna.

Nel 1630 la corte progettò di affidare al Cardinale- Infante la carica di governatore dei Paesi Bassi spagnoli. Si dovette pertanto organizzare un viaggio degno di un principe accompagnato da un robusto esercito. Nel 1634 raggiunse quindi Milano via Genova e su attraverso la Valtellina lungo "il cammino spagnolo" fino all'incontro con l'esercito del cugino Ferdinando d'Ungheria, per l'appuntamento di Nordlingen.

Le forze svedesi tentarono disperatamente di prevenire questa fusione senza riuscirvi. Lo scontro non poté essere evitato e si ebbe la grande vittoria dei due Ferdinando. Subito dopo il Cardinale Infante si incamminò per Bruxelles che raggiunse alla fine di 1634 dove rapidamente smise i mai "sentiti" paramenti sacri.

Mostrò vivace e diplomatico impegno, ma segretamente la corte di Madrid operò per continuare a dirigere le fila nella politica delle Fiandre. Tuttavia le campagne militari premiarono il giovane principe che fu in grado di catturare Diest, Goch, Gennep, Limburg, e Schenk. Nel 1636 aggiunse Hirsen, Châtelet, e Chapelle, e rese sicuro il Lussemburgo. Nel 1637 le cose tornarono ad andare male, Breda fu ripresa dagli olandesi dopo 12 anni e per ironia della sorte, proprio mentre il grande Velasquez portava a termine il famoso quadro della conquista da parte dello

Spinola. Nonostante ripetuti tentativi il Cardinale- Infante non fu capace di riprendere questa fortezza, non solo egli finì col perdere anche Chapelles, Landrey, e Damvilliers e Arras.

Queste perdite furono in parte ripagate dalla conquista di Anversa, Chatillon, e Geldern. Intanto gli intrighi di corte agivano alle spalle del governatore per screditarlo, ed ogni forma di menzogna fu inventata per l'occasione.

Solo la precoce morte del principe avvenuta il 9 novembre del 1641 fece fermare questi sommovimenti. La relazione medica parlò di un'ulcera allo stomaco, cosa che fece subito pensare ad un avvelenamento preordinato. Il suo corpo fece ritorno in Spagna nel 1643, dove ai suoi funerali furono elevati ben 12.000 requiem.

Le dispute che seguirono per la scelta del suo successore come Governatore generale dei Paesi Bassi spagnoli finirono col minare l'alleanza tra le due case Asburgo d'Austria e di Spagna.

▲ *Ladilsao IV Vasa re di Polonia (1595 -1648) in ritratto equestre. Autore sconosciuto*

Theatrum Europaeum
il Giornale del tempo...

In questo numero: La formazione della Lega di Heilbronn il 15 aprile 1633
Rapporto sull'assassinio del Wallenstein da parte di O. Piccolomini - La Polonia e la guerra di Smolensk

TRATTATO DI ALLEANZA tra il cancelliere Axel Oxenstierna rappresentante della corona svedese e I cavalieri di tre circoli dell'Impero. Heilbronn, aprile 15 1633

da Monumenta bohemica Fondo Wallenstein

Si fa sapere qui di seguito che tra Sua Maestà reale e la lodevole corona di Svezia, attraverso i rispettivi legati plenipotenziari e la libera cavalleria dell'Impero in Franconia, Svezia e zona renana è stata conclusa una federazione ed alleanza nella santa città reale di Heilbronn, il giorno quindici aprile del 1633, patto concluso e sostenuto per giuste cause; poiché per ognuno e singolo punto sul quale i confederati si sono accordati non si è potuto trovare docilmente un accordo, essi si sono promessi l'un con l'altro di mantenere i seguenti punti fedelmente, onestamente e senza interruzioni.

In primo luogo l'excellentia directoris dei signori e la lodevole corona di Svezia hanno acconsentito - per una migliore continuazione della guerra e riaddestramento della disciplina di guerra nelle terre strappate al nemico - di stanziare ed inviarvi una certa somma di denaro, così come le sotto indicate località della cancelleria dell'impero nei tre circoli, cioè Franconia: la località di Baunach, mille fiorini mensili; la località di Odenwalld, 3.000 fiorini; le località Rhen, Werra e Buchen, 2.000 fiorini; in Svevia: le località Neekher, Schwarzwald e Ortennau, 1.194 fiorini e 17 kreutzer; Kocher 1.162 fiorini e 52 kreutzer; Croichgòw 1.142 fiorini e 51 kreutzer - cioè queste tre località riunite (invieranno) 4.000 fiorini; ed infine lungo la linea del Reno, l'alto e basso Theinisch, insieme a Wetteraw e alle località che vi appartengono vi invieranno spontaneamente 2.500 fiorini. Poiché queste località sono lontane, cominceranno le consegne alla cassa distrettuale il prossimo quindici maggio, senza nessun ritardo, scusa o riduzione; per i prossimi due mesi salde-

▲ Il cancelliere Axel Oxenstierna

ranno il primo giugno e di seguito, dal primo agosto, il primo giorno di ogni mese per la durata di un anno. Se la guerra dovesse continuare ed il bisogno richiedesse di continuare ulteriormente e di versare la somma concordata traendola dai beni incorporati dalla cavalleria, i possessori sono impegnati a contribuire con la porzione che spetta loro.

In secondo luogo: qualora l'una o l'altra località o membro della cavalleria fosse trovato a non versare tale contributo, verrà richiamata dapprima dal direttorio, il cui capitano o comandante gli ricorderà il pagamento e se costoro non si metteranno in regola in continenti, si procederà contro il moroso con mano militare e se in tale operazione derivassero svantaggi ad un'altra località o anche alleata a causa del moroso, quest'ultimo sarà in debito di rifondere i danni provocati.

Terzo: se uno non potesse pagare dinanzi agli altri con denaro contante e perciò implorasse di poter rifondere a tempo debito la sua quota con grano o con cereali, sarà autorizzato a farlo (fino a quando l'esercito si trovasse nei paraggi e costui lo facesse per bisogno). Egli sarà in dovere, a tempo giusto e debito, di consegnarlo alle armate o nel magazzino o deposito distrettuale a proprie spese.

Quarto: i magazzini verranno ordinati e fatti dal direttorio stesso, secondo tempo e possibilità, ma il deposito dovrà essere ordinato dalla cassa. Restino nell'elettorato e circolo renano di Francoforte sul Meno, a Norimberga in Franconia, a Ulm in Svevia e a Strasburgo per l'Alsazia e per le terre vicine ad essa; se per decreto del direttorio si chiedesse che i cassieri si trovassero altrove presso le armate o diversamente secondo la ratio belli, si esiga che si trattengano.

Quinto: la cassa di ogni magazzino, così come il magazzino, di ogni località dovrà essere affidata a persone ben dotate ed oneste, che dovranno essere incaricate ed assunte dal direttorio e dal consiglio formato. Perciò gli onorati confederati si impegnano all'unanimità per questo servizio e giurano di portare aiuto al direttorio; saranno responsabili di reclamare per tempo le contributiones, di provvedere al magazzino; qualora si verificassero penurie, provvedano a rimpiazzarle; su comando del direttorio esercitino fedelmente questo e quello, presentino annualmente, o secondo scadenze richieste, conti onesti e fedeli ai deputati della corona di Svezia e deputati riuniti; siano costantemente armati, estraggano ordinatamente i loro bilanci, così che si possano meglio eseguire gli statuta, ed i consilia.

Sesto: è nostro desiderio ed è stato deciso che il pagamento avvenga secondo giustizia, i sei talleri a un fiorino e mezzo e i ducati a due o tre fiorini locali per contributi e pagamenti. Per quanto riguarda l'opera, benché per i contratti privati si prenda e spenda senza previa indicazione, ciononostante, se i confederati non dovessero essere obbligati a fornire l'intero pagamento in talleri imperiali, in specie o in altre maniere e se gli altri nei quattro ceti accettassero moneta buona e corrente, non si permetterà seriamente di fare o tenere monete di minor valore.

Settimo: i reggimenti incompleti (che cioè non possono

essere completati ora) vengano rinforzati e forniti di artiglierie e di cavalli, poiché la cavalleria si è dichiarata disposta una volta per tutte a consegnare alle armate - quando lo desidera il direttorio e nel luogo che verrà indicato -, in Franconia: a Baunach, 50 uomini e 4 cavalli; a Odenwalld, duecento uomini e dodici cavalli; Rhen, Werra e Buchen centocinquanta uomini e otto cavalli; in Svevia: a Neekher e Schwartzwald novantacinque uomini e sei cavalli; a Kocher centotrentacinque uomini e sei cavalli; a Kreichgau settanta uomini e cinque cavalli; nel territorio dell'alto e basso corso del Reno: a Wetteraw, Burg e Friedberg e nei luoghi che vi appartengono, complessivamente centoventi uomini e dodici cavalli; in totale ottocentoventi uomini e cinquantadue cavalle e ogni quattro cavalli viene messo a disposizione uno scudiere o un giovane. Per i sopra citati scudieri, giovani e cavalli è stato autorizzato il mantenimento dal 15 maggio: tra gli altri, a Baunach, in Franconia, 83 fiorini, 20 kreutzer; a Odenwalld 250 fiorini; a Rhen, Werra e Buchen 166 fiorini, 40 kreutzer; a Neekher e Schwartzwald, in Svevia, 99 fiorini [...], a Kocher 140 fiorini, a Creichgou 49 fiorini; sul corso del Reno 208 fiorini e 20 kreutzer, cioè in totale 1041 fiorini e 40 kreutzer con i quali si pagheranno il soldo e si provvederà al mantenimento dei soldati, dei conducenti e dei cavalli, traendoli dalla cassa e dal magazzino. Se qualcuno, soldato o conducente, volesse, prima del termine stabilito procurare sulla sua quota qualcosa all'armata, sia libero di farlo. Se dovesse succedere in qualsiasi luogo che un soldato delle reclute, conducente o giovane se ne andasse dalle armate, egli sia rinviato e spedito al suo posto, se capitasse tra le mani.

Ottavo: dovessero essere sollevate obiezioni da parte della cavalleria come da parte degli altri ceti confederati, sia su questa autorizzazione, che sulla consegna del contributo sopraccitato come su tutti gli altri contributi, sul fatto che durante le marce di attraversamento si vettovaglino al bisogno senza decurtazione, vengano pagati i soldi delle reclute restanti dalle liquidazioni e vengano versati per un ordinato acquartieramento (bisogna provvedere solo all'alloggiamento, deposito, legna e luce).

Nono: è di competenza del direttorio di dividere le

truppe e di rinforzare le guarnigioni; in ogni stato distrettuale - se lo richiedono il pericolo o la necessità - il direttorio o in sua assenza il consiglio o, ancora, in caso di estremo bisogno, il generale dell'armata del distretto è responsabile di accogliere l'esercito, di dargli alloggio o di permettere l'attraversamento di luoghi fortificati. Naturalmente vi deve essere equità e mantenuto buon ordine con comunicazioni agli altri e, per quanto riguarda la cavalleria, la distribuzione dell'acquartieramento non deve essere fatta a piacere dei commissari, ma dei ceti e dei luoghi di cavalleria, del capitano o del direttorio.

Decimo: se ogni ceto dovesse provvedere a proprie spese alla necessaria difesa della propria località e case e se, a causa dei pericoli della guerra, qualche località dovesse essere rinforzata con guarnigioni straordinarie, aggravandosi così oltre la propria proporzione per il servizio della cosa comune, per ordine del direttorio di quello stato e per evitare incomodi sia pagata la somma in eccedenza e detratta dalla cassa come quota di contributo.

Undicesimo: che tali truppe, prima e dopo essersi messe in moto, siano lasciate passare sulle terre del luogo, sempre su quelle dell'erede reale e su quelle della corona di Svezia e anche su quelle dei confederati uniti ai primi con particolari doveri d'ufficio, insieme ed accanto ai comandanti di giustizia in civilibus et criminalibus, cosicché, nel caso i comandanti in administratione e dell'executione della giustizia si rendessero colpevoli in gravioribus delictis, il signore gestisca l'esecutivo.

Dodicesimo: se la marcia di attraversamento avvenisse senza particolari lamentele, né da parte degli altri stati, né da quello della cavalleria - come accade spesso secondo la ratio belli, fosse autorizzata con conoscenza degli stessi ed in buon ordine, da quelli comandata, per quanto li riguarda, e aiutata, per ciò che è necessario e possibile, che non siano decurtati di nessun contributo. Se si dovesse costituire un accampamento o l'armata e le truppe dovessero sostare in un luogo, ciò che verrà dato dalla cavalleria dovrà essere tolto dal loro contributo o dovrà essere rimborsato togliendolo dalla cassa o dal magazzino.

Tredicesimo: a piacere delle loro eccellenze, i signori cancellieri imperiali sarà istituito, per l'agevolazione del direttorio e secondo la miglior buona volontà un consilium formatum da diverse persone appartenenti alla lodevole corona di Svezia ed agli stati, anche qualcuno della libera cavalleria, che dovrà essere aggiunto alla lodevole corona di Svezia e agli altri stati e ai confederati riuniti con i doveri di competenza. A tale direttorio e consilium formatum dovranno essere presentate tutte le cose importanti, sia affari di guerra che trattati di pace, tutte le proteste e preghiere di questi stati, principi elettori e non, conti, signori, cavalieri e città e tutto quanto dipende da questo trattato. Su tutto ciò verrà discusso e deciso onestamente, nonostante in militaribus la risoluzione sarà lasciata al direttorio; per i trattati di pace, come nuove alleanze o per altro relativo all'autorità degli stati e concernente a queste libertà, non verranno conclusi senza la conoscenza e l'approvazione dei confederati e della cavalleria e per tutte le decisioni si disporrà che se la confederazione principale si mantiene titubante nel commiato, si cercherà e si chiederà l'opinione degli alleati e dei membri evangelici dell'amministrazione imperiale. In particolare saranno lasciati alla somma cura del direttorio e del consilium formatum di riformare la milizia il più presto possibile e di mantenere buona disciplina con la dovuta serietà, cosicché le strade vengano rese sicure dapprima nelle terre amiche, vi siano ripristinati i commerci, sviluppata l'agricoltura ed il publicum vi sia trattato giustamente.

Quattordicesimo: che il soldato venga preso nella dovuta considerazione e che nei tenitori della cavalleria si instaurino tasse ed ordinamenti tali, che se la possa cavare con la propria paga. In tutti i luoghi dove sostano le armate, o attraversati da loro, siano permessi accampamenti gratuiti.

Quindicesimo: per non far uso di questo, se non con profitto, si stabilisce che tutti gli appartenenti a questo consilio formato siano stati soldati o abbiano avuto a che fare con la vita militare per un buon periodo, come propone la cavalleria su istanza di Sua Eccellenza; se al contrario vengono scelti dalla libera cavalleria, li si liberi da sudditanza.

Sedicesimo: ciò che è stato tolto al nemico fino ad ora resti tale, conformemente all'alleanza della corona svedese fino al compimento della guerra e a piena soddisfazione. Per ciò che invece verrà dai confederati preso al nemico in futuro con l'aiuto di Dio, resterà in comune e secondo proporzione ai confederati e quindi anche alla cavalleria ed usato al meglio per la cosa comune. Sarà purtuttavia competenza dei confederati avere questa o quella onesta istanza [...]. Per prima cosa le munizioni ed i viveri, così come anche il combustibile vengano portati al magazzino o al deposito, mentre gli altri redditi o entrate vengano consegnati alla cassa, conteggiati onestamente e insomma si faccia pertanto in modo che la guerra possa essere condotta più zelantemente alla desiderata pace.

Diciasettesimo: poiché o l'uno o l'altro dello stato dei confederati fu scacciato dai sui dalla violenza del nemico, si badi giustamente ad assegnare e consegnare a questi ciò che è necessario al mantenimento delle terre acquistate in futuro.

Diciottesimo: per quanto riguarda i beni compresi tra quelli di competenza del nemico, che appartengono però all'uno o all'altro degli alleati e contribuisce alla loro cassa, ora occupato e tenuto però dal nemico, se con l'aiuto di Dio gli potessero venire strappati dalle mani e restituiti allo stato precedente [...].

Diciannovesimo: su preghiera delle loro grazie, Sua Eccellenza permetterà che per il diritto della corona di Svezia i luoghi e le persone proposte e prese vengano ordinati in quattro distretti della libera cavalleria.

Ventesimo: ci si adoperi con ogni cura che i sudditi ancora tenuti prigionieri dal nemico vengano liberati con lo scambio, o in altro modo, e vengano recuperati coloro che sono stati presi dal nemico come gli appartenenti sia ai confederati che ad altri di questi circoli o della cavalleria.

Ventunesimo: poiché nelle milizie del nemico vi è qualcuno che in questi stati possiede beni ereditati o a prestito o che se li aspetta, tutti questi beni verranno pretesi dai confederati attraverso gli usuali mandata avocatoria.

Ventiduesimo: se le loro eccellenze, i signori cancellieri reali desiderassero speciale difesa e protezione nella lodevole corona di Svezia, la libera cavalleria imperiale, i suoi membri e sudditi prenderanno e conserveranno i loro beni ed averi immobili e mobili, non impediranno il loro diritto e la loro giustizia e cederanno gli interi principati e domini presi al nemico e che dovessero, cadere nelle loro mani, alla corona di Svezia, non toglieranno né li cavalieri né ai loro immediati alleati libertà e giustizia né al donante né al donatario, Infine: affinché la confederazione e i confederali uniti non possano essere metti in pericolo, è deciso che se a causa di questo o quello, nel breve e nel lungo periodo, e anche dopo lo scioglimento della confederazione, col diritto o fuori dal diritto fossero contestati o protestati, gli stessi siano obbligati e responsabili di assisterli e difenderli con tutti i loro beni.

RAPPORTO DEL COMANDANTE DELLA PIAZZA DI EGER, JOHN GORDON, SULL'ASSASSINIO DEL WALLENSTEIN con le correzioni richieste da Ottavio Piccolomini. Eger, 1634, 28 febbraio

da Wallenstein Ende Archivio di Stato di Vienna

Relazione su tutto ciò che avvenne dal 24 al 28 febbraio all'arrivo del duca di Friedland e dei suoi seguaci, e sull'esecuzione di quest'ultimo. Il giorno 24 febbraio, verso sera, fra le 4 e le 5 giunsero qui ad Eger Sua Grazia il principe, accompagnato dal signor generale feldmaresciallo Ihlou, dal conte Adam Terzky, dal signor Kuntzky (già maresciallo di campo e capocaccia del regno di Boemia, che fino a quel momento si trovava presso Chur Sachsen), il capitano di cavalleria Niemann ed altri alti ufficiali, con poco seguito però (in quanto, gran parte, inclusi i pagaggi del principe erano rimasti al Pilsen), inoltre 5 cornette di cavalleria del Terzky, 9 compagnie di dragoni del Puttler e 5 cornette della vecchia Sassonia che avevano attraversato frettolosamente la località di Pilsen per poi tornarvi: del loro arrivo ancora tre ore prima non si era saputo nulla; presero alloggio non già nel vecchio quartiere bensì verso l'altro lato della piazza. Ancora nella stessa notte vennero mandati in fretta e furia il cancelliere von Elz dal margravio a Culmbach, e diversi corrieri furono spediti a Saaz, Leutmeriz, Laun ed in altre località, da dove dovevano provenire i reggimenti, che finora erano rimasti fuori; così anche le 4 cornette di Terzky vennero trasferite in campagna e la gran parte dei dragoni venne spostata avanti alla città. Il giorno seguente, sabato 25, Sua

Grazia mandava un corriere a quello di Arnsheimb, e nella stessa mattinata fece anche arrivare un trombetta dal conte Franz Albrecht von Sachsen, convocò gli alti ufficiali presenti nella guarnigione di Eger e non li fece allontanare, finché questi non giurarono de novo la loro fedeltà; così allora i signori tenente maggiore Puttler e Gordon ed il brigadiere Lessle, resisi conto delle intenzioni, delle volontà ed opinioni, più rifletterono e più si convinsero di rimanere fedeli a Sua Maestà l'imperatore e non trovando altra via, credettero di dimostrare la propria devozione a Sua Maestà e finalmente, in comune accordo con tre capitani del Puttler e con tutti gli scozzesi, decisero di sbarazzarsi del conte di Ihlo, Terzkhy, Kunskhy e Neumann quali traditori ed infedeli; pertanto verso sera il signor tenente maggiore Gordon invitò i quattro, Ihlo, Terzkhy, Kunskhy e Neumann nella fortezza, una costruzione abbastanza robusta, che si trova un poco fuori dal borgo; in questo luogo si ritrovarono poi anche i signori tenente maggiore Puttler ed il brigadiere Lessle, con fare allegro e cordiale. Nel frattempo fra le 9 e le 10 di sera fu rinforzato il corpo di guardia nella fortezza; il portone superiore fu fatto aprire, e una compagnia di dragoni fu fatta entrare osservando il più assoluto silenzio. Il capitano dei dragoni, che si trovò con loro, una volta chiusa la fortezza, entrò nella sala con la spada tratta ma nascosta, urlando: Chi è fedele all'imperatore? I tenenti maggiore Putt-

ler, Gordon ed il brigadiere Lessle risposero subito con un "Vivat Ferdinandus, Vivat Ferdinandus", presero le armi e trafissero i conti Ihlo, Terzkhy, Kunzkhy e Neumann; di questi, l'Ihlou ed il Kuntzky morirono sul colpo, il conte Terzkhy invece (così si riferisce) rimase per un attimo incantato e come bloccato, per poi tornare verso la parte dell'ingresso difendendosi, dove i dragoni lo abbatterono con i moschetti. Il capitano di cavalleria Niemen, rifugiandosi nella dispensa, cadde morto, colpito da due stoccate. Tutto ciò avvenne senza particolare trambusto, mentre i loro aiutanti furono condotti e rinchiusi per il pranzo in una sala appartata. In seguito a questi avvenimenti, il capitano summenzionato lasciò la fortezza con una compagnia del Puttler e circa una ventina di moschettieri, seguiti immediatamente da alcuni altri, per recarsi subito nel quartiere del duca di Friedland: il cameriere che aveva atteso davanti alla sala fu trafitto con un'arma corta; il coppiere, dopo aver portato della birra in un calice d'oro a Sua Grazia il principe, lasciando la sala, fu ferito ad un braccio; allora i moschettieri al grido di: "Ribelli, ribelli" aprirono l'appartamento del principe, trovandolo appoggiato al tavolo, vestito della sola camicia: non ebbe nemmeno il tempo di balbettare: "Ah guardie", che detto capitano lo affrontò con le seguenti parole: "Tu, brutto traditore, vecchio furfante ribelle", trafiggendolo con l'alabarda in pieno petto; la vittima cadde quasi subito per terra e morì, i

▲ La città di Eger (oggi Cheb) in Boemia, assai vicina al confine tedesco in una bella stampa coeva. Collezione privata

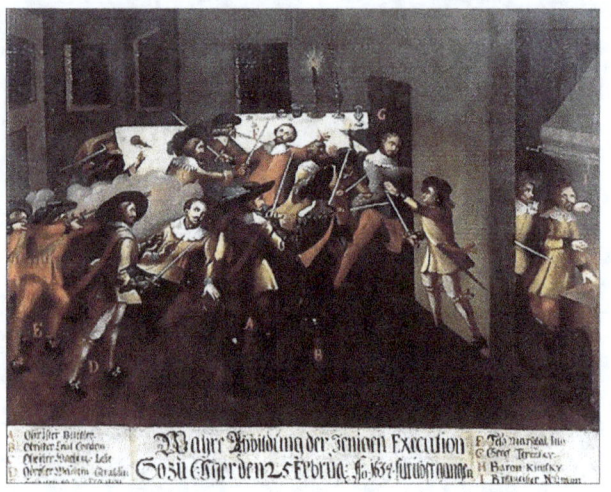

▲ L'irruzione e il massacro della guardia del Wallenstein

dragoni lo avvolsero in un drappo rosso, lo adagiarono su di una carrozza e lo portarono alla fortezza dove gli altri avevano già trovato la loro fine. In questo luogo essi giacciono in bare fino a questo momento. Va detto in particolare, che nella stessa ora, fra le 9 e le 10 di sera, si era levato un vento fortissimo, che tuttavia durò soltanto fin verso la mezzanotte, così che i più fedeli che prima citammo, ancora nella sera del sabato sollecitarono il signor tenente maggiore Gordon perché la stessa posta potesse giungere a Sua Maestà l'imperatore. Per quel che riguarda le altre cose, queste vengono custodite nella fortezza. Per tutto il resto della notte, montarono la guardia tre compagnie di fanteria accanto ai dragoni, anche se a volte i dragoni si spostarono, e fino a questo momento i portoni sono rimasti chiusi; ancora nello stesso giorno fu dato ordine agli ufficiali suddetti della guarnigione, di presentarsi il giorno seguente, ovvero di domenica mattina alle 8, per convocare il borgomastro e tutti i signori consiglieri per rimproverarli della loro devozione al principe di Friedland; ad essi altresì sarebbe stato chiesto il versamento immediato di 4000 talleri imperiali per il proseguimento degli avvenimenti bellici; nel caso di un loro rifiuto od anche soltanto di una loro risposta negativa, il primo sarebbe stato infilzato, il secondo squartato, il terzo impiccato, il quarto decapitato, e così via scorrendo, finché i rimanenti si fossero dichiarati d'accordo. Lunedì 27 giunse una lettera del duca

Franz Albrecht von Sachsen, in cui riferisce che era riuscito a sbrigare i suoi affari con il duca Bernhardt, con il principe elettore e con Arnheimb, e che questi si erano diretti verso le frontiere non da soli, bensì accompagnati anche da molta gente della Turingia, e che sarebbe stato facile avere la meglio sui traditori, e che questi dovevano vedere come avrebbero raggiunto in sicurezza Pilsen, Frankfurth e la Grànitz slesiana, nonché i luoghi della Laussnitz. Visto che probabilmente non tutti i reggimenti si sarebbero allontanati dal duca, era stato chiesto che gli fosse mandato incontro un tamburino verso Pfreimbt: qualcuno era stato tentato, ma nemmeno per 100 talleri si era trovato un tamburino disposto a fare tanto. Ciò nondimeno il Magnifico provvide in modo che il giorno 28, quando il duca Franz Albrecht di Sachsen si volle recare con la corazza da Wayden a Eger, ancora ignaro dell'esecuzione, aveva comandato una compagnia di cavalleria alla fortezza di Eger, perché questa cercasse il Melchior Adam Moser; accadde invece che lo incontrò nei pressi di Turschenheut: lì lo fece fare prigioniero ed accompagnare dagli stessi cavalieri in data 1 marzo verso Pilsen. Le salme furono portate via. Ci si aspetta tuttavia altri morti. Voglia Iddio far sì che questi vengano scovati. Finis.

▲ L'assassinio di Wallenstein

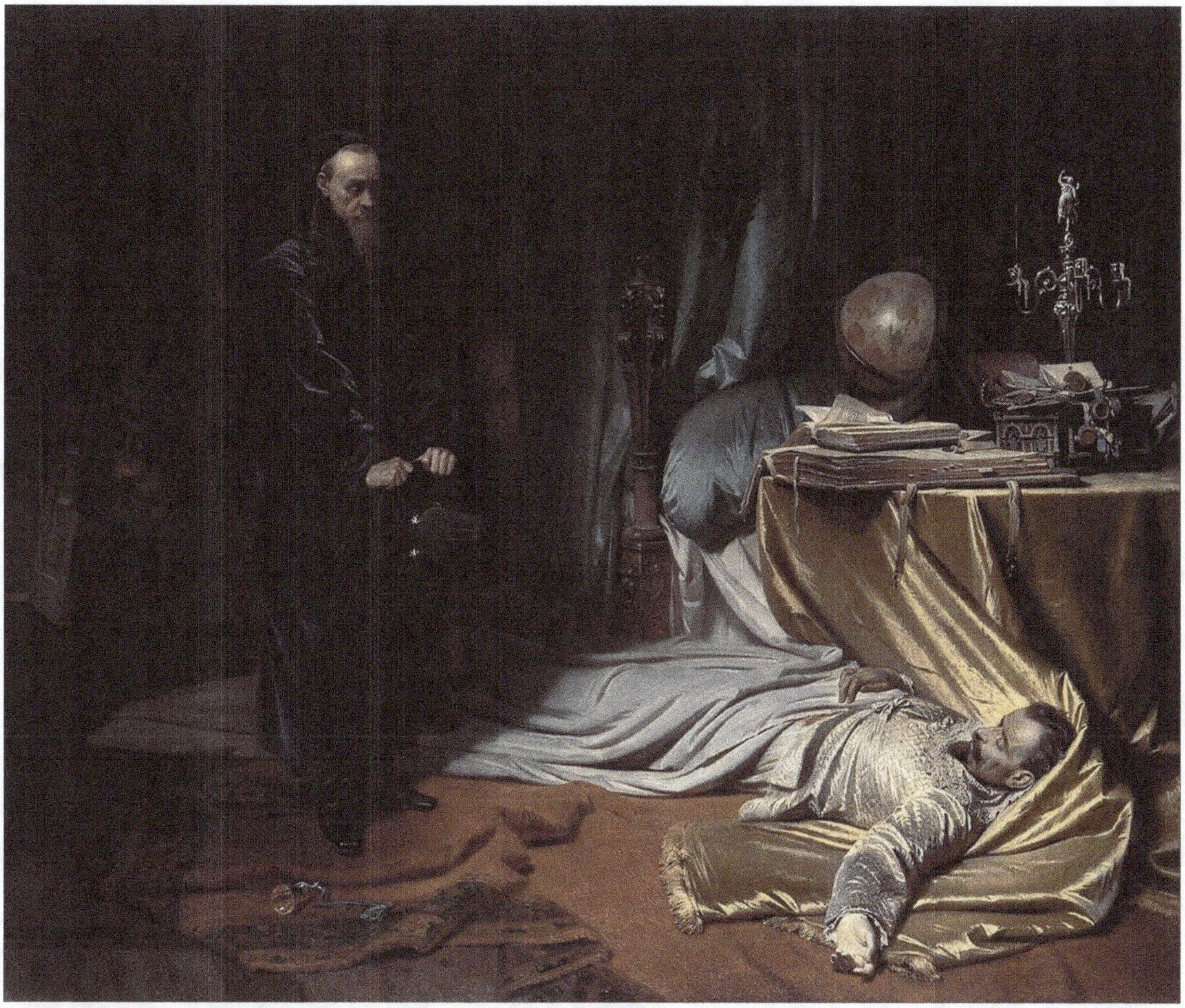

▲ *L'astrologo Giovanni Battista Seni osserva il cadavere di Wallenstein dopo l'assassinio di quest'ultimo. Tela attribuita a Karl Theodor von Piloty, 1855, Staatliche Museen di Berlino*

◄ *Il documento ufficiale del complotto redatto dai firmatari di Pilsen per l'assassinio di Wallenstein*

LA POLONIA E LA GUERRA DI SMOLENSK

La Svezia e la Polonia ebbero continui conflitti nella prima metà del seicento.

Gustavo Adolfo temeva parecchio uno scontro con la Polonia ora che aveva elaborato il suo piano d'invasione della Germania. Accettò quindi di scendere a patti con l'ostile vicino.

La tregua di sei anni firmata ad Altmark, il 26 settembre 1629, con la mediazione di Francia ed Inghilterra, lascia alla Svezia la Livonia con la città di Riga; nella Prussia occidentale il delta della Vistola e la città di Elbing; nella Prussia orientale altre città ed il diritto di esazione di tasse. Tutte le altre conquiste sono restituite alla Polonia.

L'elettore Giorgio Guglielmo di Hohenzollern duca del Brandeburgo ottenne Marienburg ed alcuni territori nella Prussia occidentale.

Gustavo Adolfo poté quindi pensare al suo intervento in Germania nella Guerra dei Trent'anni.

Tuttavia il re di Svezia nutriva poca fiducia nei confronti del cugino Sigismondo III Vasa re di Polonia. Ideò quindi un piano che portò i suoi alleati russi a dichiarare guerra alla Polonia.

Nel 1632, moriva re Sigismondo rendendo ancora più vulnerabile la situazione polacca.

Gli succede nel novembre del 1632 il figlio Ladislao IV, sovrano che regnerà fino al 1648.

Il nuovo re si impegnò attraverso i *Pacta Conventa* a non dichiarare guerre offensive. Tuttavia lo zar di Russia decise di rompere la tregua del 1618 e diede il via alle operazioni con un corpo di invasione formato da 35.000 uomini.

La campagna militare russa, coadiuvata da contingenti inglesi e scozzesi al soldo della Svezia, orientò tutti i suoi sforzi nel tentativo di conquistare la città di Smolensk.

La difesa da parte dei polacchi, affidata ad un'armata composta da 25.000 uomini ben armati e convertiti alle tattiche occidentali, fu però risolutiva e costrinse i russi a firmare la pace nel 1634. In questo modo la Polonia si sentiva nuovamente libera di organizzare un intervento militare nei confronti della Svezia alla fine della tregua di Altmark nel 1635.

Ladislao IV propone quindi all'imperatore Ferdinando II la formazione di un esercito congiunto in Slesia chiedendone il comando che però gli viene negato dal diffidente Asburgo.

I polacchi radunano un forte esercito e grazie ad una flottiglia cosacca bloccano Pernau nell'agosto del 1635 ma la Svezia già impegnata su troppi fronti preferisce aprire trattative, mediate da Francia, Olanda ed Inghilterra.

La tregua tra Svezia e Polonia viene allora prolungata di altri 26 anni con il trattato di Sturmdorf. In base a questo trattato la Svezia cede alcune città prussiane e restituisce il naviglio polacco catturato nel Baltico, per contro essa si garantisce il possesso della Livonia mentre il complicato conflitto dinastico fra i Vasa non è opportunamente trattato, e Ladislao IV continua a mantenere le sue pretese sulla corona svedese.

Negli anni dal 1634 al 1637 la Polonia è anche impegnata da una ribellione interna detta dei cosacchi Zaporog, per contrastare i quali costruisce una enorme fortezza a Kudak sul Dnieper. I cosacchi vengono ripetutamente sconfitti ed i loro capi vengono giustiziati, il territorio è pacificato con la forza negli anni successivi. Ha quindi inizio quel periodo che la storia polacca chiama della *Pace Aurea* che durerà per tutto il decennio 1638-1648.

Ladislao IV sposa nel 1637 Cecilia Renata d'Asburgo, nuora dell'imperatore Ferdinando III, con il quale si accorda per un'alleanza in chiave anti-svedese e turca. Nel 1638 Danzica rifiuta il pagamento di un tributo, re Ladislao IV invia allora una flotta a bloccare il porto ma l'intervento danese fa fallire l'impresa. Intanto la dieta polacca rifiuta per cinque anni al re i fondi per allestire una nuova flotta, temendo diventi strumento d'assolutismo. Il re chiede anche il risarcimento delle spese da lui personalmente sostenute nella recente guerra contro la Russia, ma la dieta nuovamente rifiuta per ben nove anni anche queste altre pretese. Ladislao IV amareggiato si ritira quindi dagli affari pubblici per dieci anni, da qui il nome di *"Pace Aurea"*.

Nel frattempo La piccola flotta polacca, e le sue basi sul Baltico, sono trascurati e decadono rapidamente. Ladislao torna allora a reclamare denaro, questa volta dal nuovo imperatore Ferdinando III, dal quale pretende anche il versamento delle doti di Anna, Costanza e Cecilia in cambio delle quali finisce con l'ottenere solo i ducati di Oppeln e Ratibor in ipoteca.

Rimasto vedovo nel 1644 Ladislao IV si risposa due anni dopo con la principessa francese Maria Luisa Gonzaga-Nevers avvicinandosi in tal modo alla Francia alla quale concede anche il permesso di reclutare truppe in Polonia e Lituania.

Questo cambiamento di alleanza non verrà mai perdonato a Vienna. Esso sarà anzi aspramente punito dagli Asburgo con l'esclusione della Polonia dalla pace di Westfalia del 1648.

▲ *La battaglia di Kircholm del 1605 data il lungo conflitto che vide contrapporsi svedesi e polacchi nel corso del Seicento*

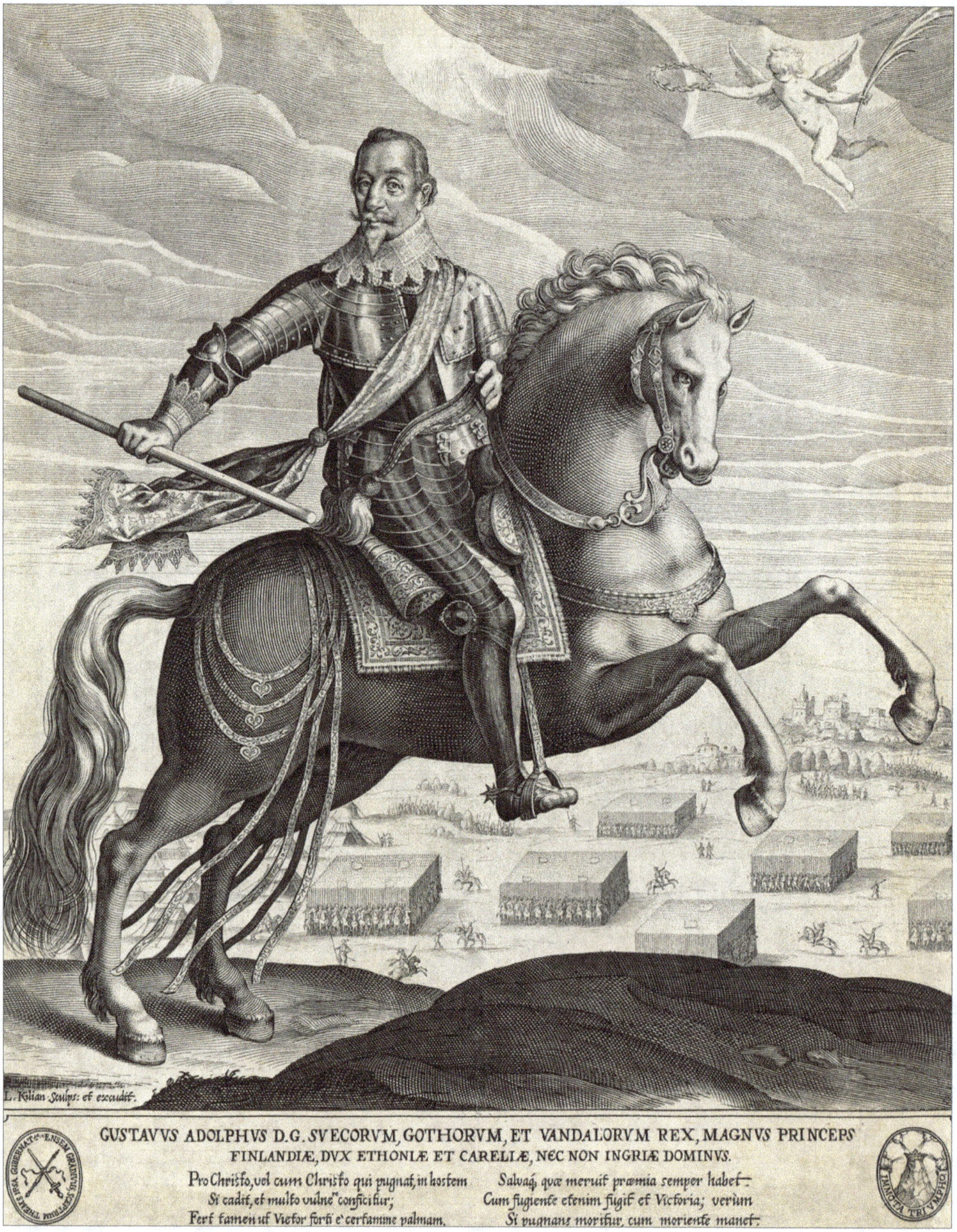

GUSTAVVS ADOLPHVS D.G. SVECORVM, GOTHORVM, ET VANDALORVM REX, MAGNVS PRINCEPS
FINLANDIÆ, DVX ETHONIÆ ET CARELIÆ, NEC NON INGRIÆ DOMINVS.

Pro Christo, vel cum Christo qui pugnat, in hostem
Si cadit, et multo vulne˜ conficitur;
Fert tamen ut Victor forti e˜ certamine palmam.

Salvaq; quæ meruit præmia semper habet.
Cum fugiente etenim fugit et Victoria; verum
Si pugnans moritur, cum moriente manet.

L. Kilian Sculps: et excudit.

▲ *Ritratto equestre del re di Svezia Gustavo Adolfo, grande protagonista della guerra dei trent'anni*

DIEGO DE SILVA Y VELAQUEZ 1599-1660

Diego Velásquez nasce a Siviglia nel 1599. È figlio di un portoghese, Juan Rodríguez de Silva. La madre, di cui il pittore secondo l'uso locale, adotterà il nome, era un'andalusa, Jerónima Velásquez. La sua vita artistica inizia a dodici anni nella bottega di Francisco Pacheco, modesto pittore ma eccellente insegnante e umanista: Velásquez gli dovrà una cultura assolutamente rara presso i pittori spagnoli.

Velásquez lo stima e ne diventa genero sposandone la figlia. Pacheco approfittando del favore di un andaluso, il conte-duca d'Olivares, riesce a mandare Velásquez a Madrid presso la corte di Filippo IV. Velásquez ottiene la commissione del ritratto del re, che immediatamente lo ammette nel proprio seguito come pittore della camera.

Un ritratto equestre di Filippo IV, esposto all'entrata della Calle Mayor nel 1625, gli conferisce un successo trionfale. Il re gli offre allora un alloggio all'Alcázar, con un atelier dove egli viene quasi quotidianamente a far visita al pittore.

Quando Rubens giunge a Madrid in missione diplomatica è Velásquez ad accompagnarlo all'Escorial, ed è anche il solo tra i pittori madrileni a ottenere la sua amicizia; è proprio Rubens che lo sollecita a visitare l'Italia. Ottenuto il congedo da Filippo IV, Velásquez si imbarca a Barcellona nel 1629. Visiterà Genova, Milano, Venezia, Roma e infine Napoli, rientrerà in patria, alla fine del 1630. Nel 1643 viene nominato super-intendente *de obras reales*, vale a dire conservatore di tutte le collezioni reali. Alcuni anni più tardi, Velásquez ha di nuovo la nostalgia dell'Italia e nel 1649 a vent'anni di distanza, il pittore rivede le medesime città, ma questa volta in qualità di personaggio ufficiale che acquista per conto del re opere di grandi pittori italiani.

Velásquez si attarda in Italia nonostante i richiami del re, e rientra in fine in patria solo nel 1651. Velásquez svolge con coscienza, tatto e cortesia i compiti relativi alla sua carica presso la corte

di Madrid. La sua carriera trova il proprio coronamento nel 1658 quando, nonostante i pareri contrari dei dirigenti dell'ordine, il doppio intervento del papa e del re gli assicurano l'*abito* di cavaliere di Santiago, privilegio assolutamente insolito per un pittore. Non avrà però la fortuna di goderne per molto tempo. Nel 1660, Velásquez viene incaricato di preparare l'incontro dell'isola dei Fagiani (alla foce del Bidassoa, dove venne siglata la Pace dei Pirenei) per l'organizzazione della cerimonia di fidanzamento dell'infanta di Spagna Maria Teresa con re Luigi XIV. Per portare a termine questo incarico trascorre alla frontiera dei Pirenei un periodo di due mesi che sfibra e logora il suo stato di salute già precario. È costretto a mettersi a letto dopo il suo ritorno a Madrid, e muore il 6 agosto 1660, probabilmente a seguito di un infarto.

il giorno dopo gli furono tributati solenni funerali in gran pompa a sottolineare il suo raggiunto grande successo artistico.

▲ *Il Cardinal Infante Ferdinando alla battaglia di Nordlingen. Tela di Gaspar de Crayer*

INDICE
DEL TERZO VOLUME

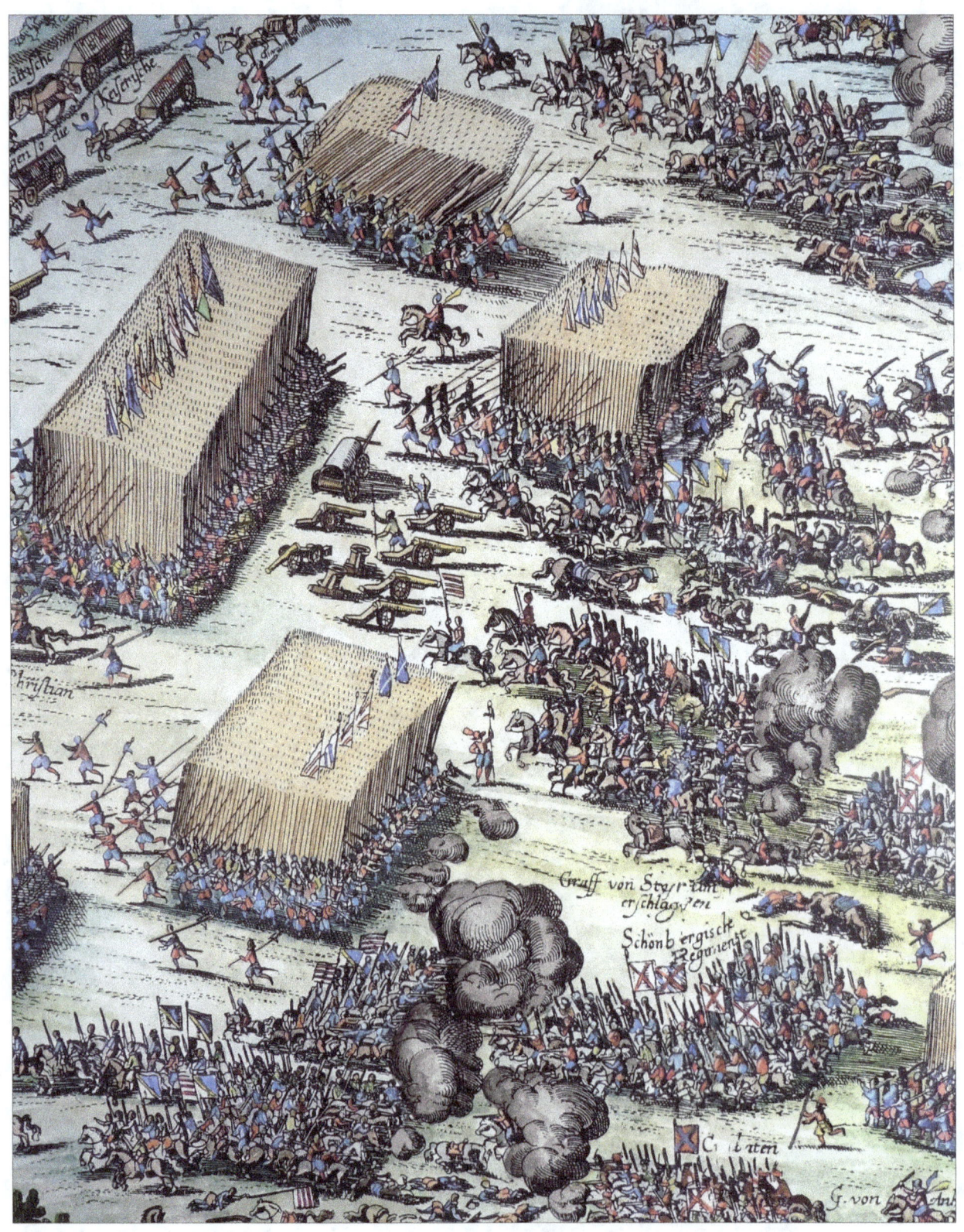

▲ *Battaglia della guerra dei trent'anni fra quadrati di picchieri e moschettieri, artiglierie a drappelli di cavalleggeri*

L'OPERA COMPLETA
SU CINQUE VOLUMI

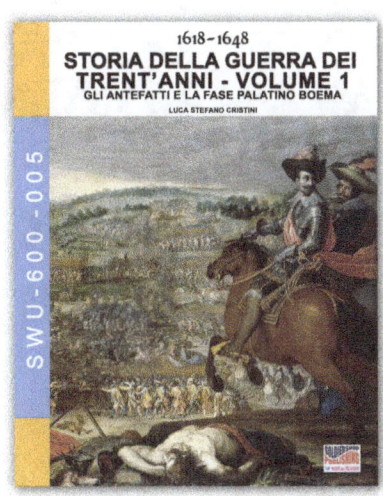

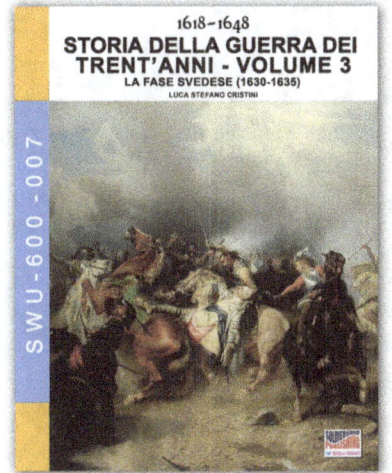